Mais le manant, de pesante stature,
Fait tant plier l'Osier qu'avec un grand fracas,
Voila le Van et l'Homme à bas.

ŒUVRES POSTHUMES ET FACÉTIES DE MIRABEAU LE JEUNE.

Deuxième Édition.

A PARIS,
Chez VINCENT, Imprimeur, rue des Jeûneurs, n°. 1265.

AN VIII.

TABLE

Des Contes contenus dans ce Volume.

La Fosse au loup. page 1
Les Chercheuses. 5
Le Déménagement. 12
La bonne Compagnie. 13
La Femme curieuse. 27
La Soubrette. 29
Le Bonnet. 39
Le Décret du Mufti. 40
Le Van. 42
Le Carillonneur. 46
La Connaisseuse. 51
Les Mauvais discours. 52
Les Accidens. 53
Le Voyageur. 60
La Chemise. 61
L'Inconnu. 71
L'Homme entendu. 73
Le Pasteur de bonne foi. 75
Les Observateurs de leur règle. 77

Les trois Chevilles. 82
L'Homme reconnaissant. 84
Le Soldat de Sienne. 85
La Femme complaisante. 89
Les Lieux à l'anglaise. 90
Il n'est rien de tel que de tenir. 93
Les Menechmes. 94
Les Oiseaux. 104
La bonne Ménagère. 108
Le Regret. 109
Les bonnes Tantes. 111
Le Témoin. 112
Le bon Latin. 113
La Souricière. 114
Les deux Héritiers. 116
L'Œil et le Pucelage. 117
La Nymphe trop modeste. 118

Fin de la Table.

ŒUVRES POSTHUMES

ET

FACÉTIES

DE MIRABEAU LE JEUNE.

LA FOSSE AU LOUP.

CERTAIN fermier amoureux de Colette,
La demanda, l'obtint et l'épousa :
Sans soupirer auprès de la fillette,
A ses parens notre homme s'adressa ;
Jean (c'est le nom du mari) contracta
Moins un hymen qu'il ne fit une emplette.

Le villageois qu'hymen venait d'unir,
Etait jaloux : suivait par-tout sa femme.
Encor, si c'eût été pour recueillir
Les fruits qu'hymen présentait à sa flamme,
Sur son chapitre, on eût pu s'adoucir ;
Mais le manant, commençant à vieillir,
Voulait garder ce qu'il ne pouvait prendre.
Jeune jaloux est un homme à souffrir,
Quand il est vieux, c'est un mortel à pendre.

Colette avait, dès l'enfance, un ami,

C'était Colin, jeune et beau personnage,
Novice encor; mais très-propre avec l'âge,
A devenir un amant aguerri,
De taille à faire un soutien de ménage,
Tout différent enfin du vieux mari.

La jeune épouse, avant son mariage,
N'avait osé risquer son pucelage;
Mais son mari dès-lors fut destiné,
Tel qu'il pût être, au joug du cocuage.
Pour tels marchés, il ne faut point de gage,
D'écrit non plus; quand le mot est donné,
Pour y manquer, une femme est trop sage.
Mais nos amans suivis par leur argus,
Ne se donnaient que des soins superflus:
Lorsque l'amour et le tendre mystère
Les conduisaient à quelque rendez-vous,
Dès que le jeu commençait à leur plaire,
Ils se trouvaient surpris par le jaloux;
On aurait dit que le diable en courroux,
A point nommé l'avertit de l'affaire.
En pareil cas, on a pourtant beau faire,
Cocu par ruse, ou cocu par hazard,
Un homme est sûr de l'être tôt ou tard.
Amen: pourvu qu'il le soit, il n'importe.
Jean le devint de la dernière sorte.
Malgré ses soins et malgré tout son art,

Voici comment fortune lui fit part
D'un tel présent. Un loup du voisinage
Livra la guerre aux brebis du canton :
Bergers et chiens, tout redoutait sa rage :
On résolut d'attraper le glouton.
Dans ce dessein fut une fosse ouverte
Au bord d'un bois, asyle du larron,
Puis de rameaux, de terre, de gazon,
L'embûche fut adroitement couverte.
Des gens plus fins qu'un loup s'y fussent pris;
Colin le fut. Un soir avec Colette,
Allant au bois chercher quelque retraite
Loin du jaloux, nos amans étourdis,
Dans le fossé furent ensevelis.

L'amour d'abord fit place à la tristesse.
Que maudit soit, dit Colin, votre époux,
Le vieux bourru nous fait courir sans cesse,
Fut-il, lui-même, étranglé par les loups;
De cet endroit comment sortirons-nous?

Console-toi, mon cher, lui dit Colette,
J'ai dans l'esprit une bonne recette
Pour attirer en ce lieu du secours :
Mon vieux mari nous surprend tous les jours,
Lorsque.... Tu sais dans quel tems je veux
dire ;

Approche-toi ; parlons de nos amours.
L'expédient ne déplut pas au sire.
Te souviens-tu, dit l'amoureux Colin,
Qu'il vint un jour que je baisais ta main.
Je me souviens aussi, dit la bergère,
Qu'il nous surprit un jour sur la fougère,
Que tu mettais la tienne dans mon sein.
Oui, dit Colin, essayons ; dis, ma chère,
N'entends-tu rien ? Non, dit-elle, il faut voir,
Et lui donner la dose un peu plus forte.
Colin se mit en état d'y pourvoir.
A ce secret fut procédé de sorte,
Vint un instant pour eux si plein d'appas,
Qu'on eût voulu que l'époux ne vînt pas.

Dans ce moment, sur le bord de la fosse ;
Nos compagnons entendirent du bruit.
Colette dit : Tiens, le ciel nous exauce ;
Est-ce toi, Jean, cria-t-elle ? Il fait nuit ;
N'avance pas. Quoi ? c'est toi, notre femme,
Répond l'époux : eh ! qui t'a mise là ?
J'y suis tombée, et prête à rendre l'ame,
Je t'attendais, dit-elle : te voilà ?
Cours au logis, et rapporte une échelle.
Allons, dit Jean, je reviens sur mes pas
Dans un moment. Hélas ! cria la belle,

Vas doucement, et ne t'échauffe pas :
Attendre un peu, n'est qu'une bagatelle,
Dès que je sais qu'ici tu reviendras.

Pour le hâter pourtant dans son voyage,
Nos deux amans remirent en usage
L'expédient qu'ils avaient éprouvé.
Quand d'un moyen quelqu'un s'est bien trouvé,
Il ne faut pas en chercher davantage.
Il réussit encor cette fois-là.
De ce secret Colette encor émue,
Tout essoufflé son époux arriva,
L'échelle fut dans le trou descendue.
Colin, craignant de demeurer en bas,
Monte d'abord, et sans cérémonie
Sert le premier ; Colette suit ses pas.
Oh ! oh ! dit Jean, qu'est-ce ceci, notre amie ?
En pareil lieu, je ne m'attendais pas
A vous trouver si bonne compagnie.
J'en tiens, parbleu, tu viens de me trahir.
Non, mon ami, dit-elle, sur la vie ;
Tu vois Colin qui peut me démentir,
Demande-lui si notre seule envie
N'a pas été de te faire venir.

LES CHERCHEUSES.

Certain traitant, homme à grand équipage,
Ayant de l'or par delà ses souhaits,
Femme fringante et dans la fleur de l'âge,
Sœur, veuve aimable, et nièce dont les traits
Etaient encor à leur apprentissage,
De sa maison avait fait un palais,
Où tous avaient établi leur ménage.

Le financier (on le nommait Cléon)
Avec sa femme, avait pour apanage
Du vaste hôtel tout le premier étage.
La douairière occupait le second;
La jeune nièce habitait le troisième;
Filles de chambre étaient au quatrième,
Et le commis, jeune et bon compagnon,
Garçon couru, garçon propre à l'ouvrage,
Avait pour gîte une chambre en partage
Tout au cinquième au plus haut du donjon.
Maintes beautés, expertes en mérite,
Au jouvenceau rendaient mainte visite.
Souvent, sur-tout, certain jeune tendron,
De son quartier et la fleur et l'élite,

De grand matin grimpait à la guérite ;
On juge assez à quelle intention.

Pour le traitant, parmi toutes ces belles,
De Cupidon s'estimait favori ;
Parlait toujours de fortunes nouvelles ;
A cinquante ans enfin des plus cruelles
Il se croyait l'amant le plus chéri.

L'argent rend tendre et d'humeur amoureuse :
Que s'il donnait aussi certain talent
Sans qui l'amour, près d'une connaisseuse,
Est peu de mise, et passe pour du vent,
Il deviendrait un métail trop charmant.
Mais pour de l'or, ce talent ne s'achette.
Voici comment, n'en ayant la recette,
Un jour enfin, Cléon fut assuré
Qu'auprès du sexe on n'est pas préféré,
Quoiqu'avec l'or on lui conte fleurette.

Pour son malheur, il apperçut un jour,
Cette beauté qui, souvent en cachette,
Dans le donjon, allait faire sa cour.
Il fut tenté de faire connaissance ;
Et la croyant pour lui prise d'avance,
Sur l'escalier notre homme l'arrêta ;
La conduisit, ou plutôt l'entraîna

Dans un plein-pied où régnait l'opulence :
Là, tous les goûts se trouvaient prévenus;
Lambris dorés étalaient leur richesse,
Vastes trumeaux renouvelaient sans cesse
Tous les attraits; cent fois ils étaient vus,
Duvets exquis, choisis par la mollesse,
Dans le velours à peine retenus,
Offraient par-tout un trône à la tendresse;
Enfin les arts et la délicatesse,
Semblaient vouer ce beau temple à Vénus.

De ce séjour devenez la déesse,
Dit le traitant, prenant un ton flatteur;
Cela vaut mieux que ce jeune conteur,
A qui, si haut, votre beauté s'adresse.

Vous me charmez, dit la belle, et mon cœur
Chérirait trop un rang de cette espèce,
Si vous étiez grand sacrificateur :
Mais sans ce point, malgré tant d'opulence,
La dignité jamais ne me plaira.
A ce discours, faisant la révérence,
A le quitter, elle se prépara;
En vain Cléon, qui s'empressait près d'elle,
La retenait; elle fit la cruelle;
Et, malgré lui, de ses mains s'échappa.
Le financier, qui poursuivit la belle,

Dans le donjon seulement l'attrapa :
Mais dans ce lieu, quel objet le frappa !
Près du commis, il y trouva sa femme.
Moitié confus, plus qu'à demi-chagrin,
Comment, dit-il, et vous voilà, madame,
Bien haut grimpée, et de bien bon matin !
Je l'avouerai, ma surprise est extrême.

Quoi donc, monsieur, dit la dame, et vous même,
Ce jeune objet vous y mène en courant !
Pour moi, du moins, j'y venais doucement,
Et pour raison, car j'y cherchais Lisette ;
(C'était le nom d'une jeune soubrette
De ce logis), la petite coquette
Rode sans cesse autour de ce garçon,
Il faut un peu mettre ordre à sa maison.

La dame crut trouver cette défaite,
A deviner elle avait réussi ;
Car la soubrette était dans la ruelle ;
Elle parut : avec raison, dit-elle,
Madame a cru que je serais ici ;
Pour y venir j'ai mes raisons aussi :
Hier, je vis prendre à ce jeune étourdi,
Mes gants, ma coîffe, enfin tout mon bagage,
Je hais sur-tout un pareil badinage,

Et ce matin, je venais les chercher.
Oui, dit Cléon, pour le beau de l'histoire,
En les cherchant vous alliez vous cacher :
Etaient-ils là ? Non ; mais dans cette armoire,
Reprit Lisette, et vous allez m'en croire.

Lise aussi-tôt s'avançant pour l'ouvrir,
Le secrétaire allait la retenir,
Quand, malgré lui, de cette armoire ouverte
On vit sortir, sans vouloir la trouver,
Une beauté, de la coiffe couverte,
Qui voulut fuir. Vous croyez vous sauver,
Lui dit Cléon. . . . Eh, parbleu, c'est ma nièce !
Nous trouverons, à la fin, pièce à pièce
Ce que cherchait la dernière de vous ;
A votre tour, allons, dites-le nous.
Embarrassée autant qu'on le peut être,
La pauvre enfant ne lui répondait pas.
Autre incident la tira d'embarras :
Un paravent couvrait une fenêtre ;
La jeune nièce, en tournant brusquement,
Le fit tomber : sitôt on vit paraître
La belle veuve. Ah ! dit-elle en riant ;
Ma nièce aussi vous me cherchiez, peut-être ?
Par ce moyen, ici nous trouvons tout

Ce que chacun de nous avait affaire ;
Car , à mon tour , je vous cherchais , mon
frère.
Oui , dit Cléon , je suis en bonne foi ,
Très-peu surpris qu'étant si matineuses ,
En vous voyant ici tant de chercheuses ,
On m'ait trouvé : Que voulez-vous de moi ?
Vous démontrer, dit la veuve , un problême ,
Que , pour le sûr , vous ne pourrez nier :
C'est qu'un traitant ne vaut pas au premier ,
Autant que vaut son commis au cinquième.

LE DÉMÉNAGEMENT.

UNE nymphe, jeune et gentille,
Par un matin déménageait.
Pour son petit meuble de fille,
Grande voiture il ne fallait;
Un seul crocheteur suffisait.

Dans le carfour, elle prit Blaise,
Garçon robuste et des mieux faits;
Il mit le lit sur ses crochets,
Puis à chaque corne une chaise;
Prit la bergame sous un bras,
Sous l'autre la nappe et les draps;
Et se sentant encor à l'aise
De la main droite il prit le seau,
De la gauche le pot à l'eau:
Lui allongeant, ne vous déplaise,
Ce qu'on ne dira pas ici,
Parbleu, dit-il, prenez ceci,
Mademoiselle, et grimpez-y,
Aussi bien je n'ai pas voiture,
Et sans crotter votre chaussure,
Je vais vous emporter aussi.

LA BONNE COMPAGNIE.

Dans un couvent, de moines habité,
La règle était que qui vin voulait boire,
Devait avoir au chœur le mieux chanté,
Et le plus fort. L'eau dans le réfectoire,
Pour les fausets coulait en quantité.

On ne sait pas au fond dans quelle bulle,
Ces gens avaient trouvé cette formule :
Le célerier, vieillard, homme de poids,
Et le prieur, examinaient les voix.
Le meilleur chantre, inscrit dans leur légende,
Avait chopine ou pinte quelquefois,
L'eau défrayait le reste de la bande.

Le père Luce, à ce noble métier,
N'avait jamais pu gagner demi-septier :
D'autres talens ayant en abondance,
Il possédait mille vertus de froc,
Etait beau moine, était jeune et bon coq ;
Mais pour la voix, il avait peu de chance.

Un point pouvait soulager son ennui :

Grand nombre était de bons et braves frères,
Propres et duits à bien d'autres mystères,
Qui tous avaient même destin que lui.

Il ne faut pas pourtant perdre espérance
Qu'on ne soit mort ; Hyppocrate l'a dit :
Souvent un bien par un côté s'enfuit,
Que par un autre il vient sans qu'on y
pense.

Près du couvent du malheureux chanteur
Un monastère était rempli de nones,
Pour la plupart jeunes, belles et bonnes ;
Le père Luce était leur directeur.
En conversant, un jour, la dépensière
Du pauvre chantre apprit tout le malheur.
Quoi ! point de vin, dit-elle ; ah ! la misère !
Moine sans vin, c'est femme sans affaire
(Elle entendait sans affaire de cœur).
J'y veux pourvoir : consolez-vous, mon
père,
Vous en aurez bientôt, et du meilleur.
Près de céans, une porte secrète
De la ruelle ouvre en notre jardin :
Le jardinier, par-là, chaque matin,
Vient travailler ; et la besogne faite,

Au cadenas ; il la ferme en sortant,
Ainsi l'on ouvre en dehors seulement.
Du cadenas, qui ferme cette porte,
J'ai, par hazard, trouvé la double clé ;
Tenez, mon père, exprès je vous l'apporte,
Venez ce soir, je serai votre escorte ;
Par mon moyen dans la cave installé,
Là, vous boirez, et de la bonne sorte.
De ce propos le père fort content,
Prenant la clé, du parloir se retire ;
Et de ce jour, rentré dans son couvent,
Il ne voulut, quoique l'on pût lui dire,
Ouir parler d'office ni de chant.

Impatient, quand la nuit fut venue,
Chez les nonains notre homme s'insinue ;
De son côté, descendue au jardin,
La dépensière était en sentinelle,
Dévotement, lui prenant une main,
Elle lui mit dans l'autre la chandelle ;
Et puis, sans bruit, le tirant après elle,
Par un guichet ouvert par la nonain,
Le moine fut conduit au souterrain.

Là, cent tonneaux rangés en symmétrie,
Vinrent s'offrir à ses regards surpris.

Il n'avait vu tant de biens en sa vie ;
Le directeur se crut en paradis.

De quelques coups avalés l'un sur l'autre,
Il arrosa son gosier altéré :
Non pour chanter, mais pour du vin tiré,
Le moine avait un vrai gosier d'apôtre.

Sur deux tretaux une table était-là,
Une bancelle y tenait lieu de chaise ;
Entre un jambon, que la none étala,
Et le tonneau, le père s'attabla,
Bien mieux qu'au chœur, s'y trouvant à son
aise.

Mais ici-bas, rien pour rien, ce dit-on :
La sœur avait grande dévotion,
Non pour le vin, bien pour autre denrée,
Dont il ne faut faire ici mention.
Si l'abbaye eût eu provision
De ce bien-là, c'était chose assurée,
Qu'on ne l'eût mis sous sa direction,
Elle fit donc sa proposition.

Le père Luce, à pareille requête,
Parut honteux de se voir prévenu.
Oh, oh ! dit-il, comment, par la vertu !

J'oubliais-là le meilleur de la fête !
Pardon, ma sœur, tout ce vin que j'ai vu,
De prime abord, m'avait troublé la tête.

La sœur avait à-peu-près les trente ans,
De la beauté, de l'esprit, des talens,
Peau blanche et fine, et la clé de la cave.
A tant d'attraits, moine tant soit peu brave,
Fût-il à jeun, ne résisterait pas.

Le jeune frère honora ses appas
D'une façon à remplir son attente ;
Le vin versé se paya noblement ;
Si le gosier du moine fut content,
D'autre côté la none fut contente.

Tant fut trinqué, tant fut fait, tant fut
dit,
Que le sommeil, suivi de tous ses charmes,
Força nos gens de rendre enfin les armes.
En bon français, le couple s'endormit,
Sur deux tonneaux qui lui servait de lit.

La dépensière, après un premier somme.
Se réveilla quand matines sonnaient
Prit la chandelle, et laissant-là son homme,
Courut au chœur, où ses sœurs l'attendaient.

Le père Luce, elle partie à peine,
Se réveilla tout au plus à demi,
Yvre au trois quarts, au trois quarts endormi,
N'y voyant goute; enfin le sort le mène
Jusques au chœur. Il arrive au moment
Qu'une des sœurs finissait une antienne.
Là, le beau père, et sans autre examen,
Se crut chez lui. De la voix la plus forte
Qu'il eût jamais, il va crier, *amen :*
Puis en entrant; j'ai dit-il bien la mine,
Pour ce coup-là, d'avoir gagné chopine :
Père prieur, m'avez-vous entendu ?

A ce discours, tout le cercle éperdu,
Comme un essaim vole au révérend père.
Par les nonains, Luce étant reconnu,
D'étonnement saisit le monastère :
Hélas ! dit-on, comment est-il venu ?
C'est père Luce ! eh ! qu'en allons-nous faire?
Toutes parlaient. Si quelqu'une à part soi,
Dans sa cellule eût tenu le bon frère,
Elle aurait su lui trouver de l'emploi.
Même l'on dit que parmi la cohorte,
On entendit : *Gardons-le cette nuit.*
Chut, dit l'abbesse; allons, et que sans bruit,

Il soit dehors conduit par la grand' porte :
Je m'y connais; quelqu'une de céans
A, cette nuit. . . . . il suffit, je m'entens :
Sans aucun fruit ne faisons point scandale ;
Voyez-le bien ! ah ! le pauvre garçon !
En cet état à quoi serait-il bon ?
Sans plus tarder que le moine détale.
On obéit, et la troupe en riant,
Poussa le moine enfin hors du couvent.

Par son départ la troupe fut calmée.

Le jardinier trouvant le lendemain
Sa porte ouverte, en entrant le matin,
Sans tant chercher, crut l'avoir mal fermée,
Il y mit ordre en sortant du jardin.

Bien mieux nourri qu'il n'était d'ordinaire,
Parmi les siens, Luce étant de retour,
Fut admiré de l'assemblée entière :
On l'embrassait ! demandant tour-à-tour,
Toute la nuit, ce qu'il avait pu faire ;
Et qui l'avait, de si noble manière,
Désaltéré pour la veille et le jour ?
Lui, trop discret pour découvrir l'affaire,
On résolut de le suivre le soir,
De l'épier, et de tâcher d'avoir

Part à la fête, ainsi que le bon frère.
Lorsque le jour parut sur son déclin,
Notre galant se remit en mémoire,
Le souterrain, la chère et la nonain;
Dès que la nuit lui parut assez noire,
De la ruelle il reprit le chemin.

Mais ce soir-là, la bonne dépensière,
Au rendez-vous se laissa prévenir;
Deux jeunes sœurs, la fleur du monastère,
Telles qu'amour aurait pu les choisir,
S'il avait eu quelque présent à faire,
Avaient jugé que le jeune compère
Par cet endroit pourrait bien revenir;
Elles voulaient leur part dans cette affaire,
A cette porte on les eût vu courir.
Le père donc, pour nouvelle aventure,
Dans la ruelle avançant à grands pas,
Se fit entendre à travers la serrure.

Ouvrez, ouvrez, dirent les sœurs tout bas,
C'est sœur Agnès avec sœur Angélique.
Lors déployant toute leur rhétorique,
Du rendez-vous on vanta les appas.
Par le caquet fille ne manque pas,
Quand elle veut trouver quelque pratique.
Dans nos jardins, venez, dit Angélique,

Par nos soins même orné de mille fleurs,
Notre parterre exhale des odeurs
Dont la douceur, dont le charme est unique.
La lune y brille, et l'éclat pacifique
De ce bel astre embellit leurs couleurs.
Les doux zéphirs, tendres avant-coureurs,
Viendront bientôt nous annoncer l'aurore,
Bientôt leurs mains, sur ces présens de Flore,
De la déesse apporteront les pleurs.

Ce n'est pas tout, dit Agnès, Angélique,
A dix-sept ans ainsi que moi se pique
D'autres attraits; mais attraits plus charmans,
Qu'il n'est pas tems encor qu'on vous explique.
Ouvrez, entrez, venez; tous vos souhaits
Dans ces beaux lieux se verront satisfaits.

A tout cela le beau moine réplique;
Mais de la cave avez-vous-là la clé?
Non, dit Agnès, qu'en avons-nous affaire?
Oh! répond Luce, elle est si nécessaire,
Que je ne puis ouvrir si je ne l'ai.
Faites venir votre sœur dépensière,
Après cela sur-le-champ j'entrerai.

Tandis que Luce au travers de la porte,
Avec les sœurs marchandait de la sorte,
La dépensière au jardin arriva ;
A son abord, des sœurs qu'elle trouva
Dans cet endroit, elle devint jalouse ;
Elle craignait de partager son bien.
Mais tout compté, se fut-on trouvé douze,
Le père encor valait-il mieux que rien.
Elle parla ; la porte fut ouverte :
Mais dans l'instant, pour finir tous débats,
De compagnons que l'on n'attendait pas
Nos trois beautés firent la découverte.
Hors le prieur et le bon célerier,
Trop vieux alors pour aller en dommage,
Nos jeunes sœurs, comme en pélerinage,
Virent venir le couvent tout entier.

La dépensière et les sœurs empressées,
De tant de biens furent embarassées.
On tint conseil ; et l'avis le plus fort,
Fut, quand le ciel faisait cette largesse,
De députer vers madame l'abbesse
Pour tant de gens demander du renfort.
Le père Roch avait trop bonne langue
Pour n'être pas choisi comme orateur ;
Il était jeune, aimable, beau parleur :
Tout d'une voix chargé de la harangue,

Dans le chapitre, à la hâte assemblé,
Par le beau moine il fut ainsi parlé :

» Chacun le sait, la sage providence
» A ses enfans a départi ses biens,
» Non pour en faire un abus qui l'offense ;
» Mais elle veut qu'on en aide les siens.
» Comme un péché l'avarice est punie.
» De vin, dit-on, votre cave est remplie,
» Et du meilleur, lorsqu'en notre couvent
» Nous ne voyons que de l'eau seulement.
» Il ne faut pas, à ce que dit l'apôtre,
» Qu'ainsi tout soit d'un côté, rien de
» l'autre.
» C'est entre nous ce qui se voit pourtant,
» Car nous avons d'une autre marchandise ;
» Il n'est besoin, mesdames, qu'on vous
» dise
» Laquelle elle est ; vous en manquez sou-
» vent.
» Dans le jardin, nos pères vous attendent ;
» Les bonnes gens, à l'instant ne deman-
» dent
» Qu'à faire un troc dont on sera content.
» Pour éviter toute supercherie,
» Chacun de nous doit payer en buvant ;
» Il ne sera finesse ou tricherie,

» Qu'ainsi ne soit, car en donnant donnant.
» Pour tout avoir, ce n'est pas que l'on
» pense
» Qu'il soit besoin que vous fassiez des
« frais ;
» On devrait tout *gratis* à vos attraits ;
» Mais quand quelqu'un suit la reconnais-
» sance,
» Il est plus prompt à payer ce qu'il doit ;
» Et quelqu'auteur a dit dans quelqu'en-
« droit,
» Que tout travail mérite récompense.
» Or, venez donc, et votre révérence
» Verra bientôt qu'avec les gens de bien
» La charité ne risque jamais rien.

Chacun du père admira l'éloquence ;
Ce beau discours fut si bien écouté,
Que dans l'instant chaque none fut prête.
Toutes les sœurs, leur abbesse à leur tête,
Suivirent donc monsieur le député.

Sur une file, on plaça les beaux pères ;
Vis-à-vis d'eux on arrangea les mères.
L'abbesse prit, selon sa dignité,
Le plus beau moine ; et puis pour la commune,
Sans autre choix chacun eut sa chacune ;

Pour ce partage il fut peu disputé.
Car au marché condition fut mise,
Que si quelqu'un n'avait pas, à sa guise,
Trouvé d'abord ce qui lui conviendrait,
De bonne foi troquerait qui voudrait.
L'abbesse était personne connaisseuse,
Et de tout tems avait été troqueuse.

Lorsque chacun de son lot fut pourvu,
Par un décret par l'abbesse rendu,
A deux battans la cave fut ouverte.
Les uns dedans, d'autres sur l'herbe verte,
Fêtèrent tant les nones et le vin,
Qu'on eut regret de revoir le matin.

Au point du jour et mères et nonettes
De cette nuit furent si satisfaites,
Qu'on dit tout haut, revenez chaque soir.
A nos repas, nous aimons mieux n'avoir
Goutte de vin de toute cette année.
Au lendemain parole fut donnée;
Parole sûre et qu'on tint de bon cœur.

Le célerier avec le vieux prieur,
Dans leur couvent demeurés pour les gages,
Louèrent fort ce zèle et cette ardeur.
Le prieur dit : Chantons à la bonne heure,

Et notre part en deviendra meilleure.
Le célerier lui dit : En vérité,
En épargnant le vin du monastère,
Nos frères font œuvre de charité :
Tous deux devons bien regretter, mon père,
Comme eux, le bien de la communauté.

LA FEMME CURIEUSE.

Un charlatan vint dans certain village
Vendre des secrets pour tous maux:
Dès qu'il eût dressé ses treteaux
On vit autour du personnage,
S'assembler nombre de nigauds.
Compère Pierre et sa femme Jeannette
Etaient du nombre; et tous les curieux,
Plutôt pour voir que pour emplette,
Se plaçaient chacun de leur mieux.
» Voici, criait notre homme, une poudre
» nouvelle:
» Elle guérit les accidens
» De la goutte et de la gravelle,
» Aussi bien que le mal de dents.
» Cette autre à l'instant déracine
» Le scorbut, le mal de poitrine,
» Et la galle aux petits enfans.
» Les secrets sûrs, ce sont les nôtres;
» Chaque paquet est d'un écu pour d'autres.
» Messieurs, par amitié pour vous,
» On vous le donne pour cinq sous.

Autant de paroles perdues:

Aux regardans, droits comme des statues,
Le pauvre homme ne vendait rien.
Oh, oh! dit-il, à tout ces gens de bien
Il faut offrir autre denrée.
» Mesdames, approchez, j'ai cette eau pré-
» parée
» Qui rend tous les maris excellens au déduit,
» Cinq ou six fois dans la journée
» Et sept ou huit pendant la nuit.

Mon mari, dit aussi-tôt Jeanne,
Achetons de son eau. Je voudrais, Dieu me
damne,
Dit Pierrot, avoir de l'argent;
Mais, tu le sais, nous n'avons pas la maille,
Je sors de prison pour la taille,
Nos meubles sont chez le sergent.
Ma foi, dit Jeanne, ayons de sa recette,
Avant qu'on ait tout pris, je vais vendre nos
draps.
Quoi! nos draps?..... Tais-toi donc, dit en
courant Jeannette,
C'est seulement pour voir s'il ne ment pas.

LA SOUBRETTE.

Hortense, aimable encor quoique ses charmes
Ne fussent plus dans leur premier printems,
Voulait goûter des plaisirs sans allarmes,
Elle habitait une maison des champs,
Terre ou château, tout comme on voudra dire.
Tous les plaisirs de l'amoureux empire
Se rassemblaient dans ces lieux pleins d'attraits;
Jardins fleuris, gazons, ombrages frais,
Lieux habités par Flore et par Zéphire.
Mais ce que plus une belle desire,
On y trouvait amans simples, discrets,
Jeunes sur-tout; enfin formés exprès
Pour soulager un amoureux martyre;
Et ces plaisirs, pour Hortense si doux,
N'étaient jamais troublés par son époux.
Le cavalier, d'une humeur peu jalouse,
Etait peu propre à des soins assidus;
Jeune et volage auprès de son épouse,
Il ne restait qu'à ses momens perdus.
Tout différens de ces maris fidèles,

De leurs moitiés, occupés nuit et jour,
Le jeu, la chasse, ou la cour, ou les belles,
Loin du château l'entraînaient tour-à-tour.

La dame avait Lise pour confidente ;
Jeune soubrette, en plus d'un art savante,
Pour sa maîtresse adroite au dernier point,
Pour elle-même, au surplus, avisée,
Et fille enfin qui ne refusait point,
Chemin faisant, une fortune aisée.

Hortense donc, loin des bruits de la cour,
N'avait choisi cette aimable retraite,
Que pour goûter la douceur plus parfaite
De consacrer tout son tems à l'amour.

Entre tous ceux qui régnaient sur son ame,
L'aimable Atis, favori de la dame,
Venait souvent sans scandale et sans bruit ;
Et sur le soir, dans un galant réduit,
Séjour propice à l'amoureuse flâme,
Le jeune amant se trouvait introduit.

Un certain soir, que, pour bonne fortune,
Dans cet endroit Atis s'était rendu ;
L'époux suivi d'une foule importune,
Vint au château n'étant pas attendu.

La chasse avait lié cette partie ;
De ses amis la maison fut remplie.

Avec chagrin Hortense les reçut ;
D'autres plaisirs elle s'était fait fête.
L'aimable Hortense, au prix d'un tête-à-tête,
Ne trouvait point de bonheur qui lui plût.
Elle affecta pourtant d'être contente :
De tous côtés grands apprêts, grand fracas.
Mais au milieu de la troupe bruyante,
Hortense à part prenant sa confidente :
Le pauvre Atis, dit-elle, attend là-bas ;
Va le trouver, peins-lui mon embarras ;
Mais il sera payé de son attente :
Cours, fais si bien qu'il ne nous quitte pas.

La jeune Lise ayant trop bonne langue
Pour demander plus ample instruction,
Vola d'abord à la commission,
Et s'acquitta des mieux de sa harangue.

En bonne foi, dit l'amant adouci,
Prenant la main de la jeune soubrette,
Je suis fâché de ce contre-tems ci
Pour ta maîtresse, et j'apportais ici
Des plus beaux feux provision complette.
Mais puisqu'il faut différer de la voir,

Soulage un peu mon attente cruelle ;
Sur ce sopha près de moi viens t'asseoir,
(Disant ces mots il y tira la belle).

LISE.

Ah ! soyez sage, et point de bagatelle :
Si par hazard vous vouliez m'en conter ;
Je sers Hortense et lui suis trop fidèle

ATIS.

Moi, t'en conter ! ah ! Lise, qu'elle offense,
Jamais mon cœur, à l'adorable Hortense,
Pour autre objet, ne manquera de foi.
Si par hazard je m'adressais à toi,
Ce ne serait que pour te parler d'elle.
Dans ce moment ta gorge que je voi
Charme mes yeux, par exemple ; elle est telle
Que sa blancheur, sa beauté, me rappelle
Celle d'Hortense.

LISE.

Oh ! la mienne est plus belle,
Plus jeune aussi, je puis bien m'en vanter.

ATIS.

Pour en juger il faut donc y tâter.
C'est chose vraie, il faut que je l'avoue ;
Lise, crois-moi ; ce baiser sur ta joue
Est un garant que tu dois l'emporter.
(Il appuya) c'est ainsi que je loue
De tels attraits. Mais, peux-tu contester

Que ses beautés t'effacent pour le reste?
As-tu, dis-moi, le corsage plus leste?
La peau plus fine ou le pied plus mignon!

LISE.

Oui-dà, mon cher; j'entends bien le mystère;
Si je dis oui, vous me répondrez non,
Pour en juger.

ATIS.

Mais sans prévention,
Sur ce point-là tu me connais sincère.

LISE.

N'y pensons plus, Atis, je m'apperçoi
Qu'en ce moment votre regard s'enflâme,
En parlant trop des beautés de madame,
Vous viendriez à ne songer qu'à moi.

ATIS.

Mais après tout, Lise, le saura-t-elle?
Si par façon, tu te fais chiffonner,
Tu nous feras sans sujet soupçonner.
Le plus sûr est de n'être point rebelle,
De ne point trop défendre tes appas :
Dans un moment il n'y paraîtra pas.
Non pas à moi (reprit en riant Lise),
Mais avec vous, madame s'y connaît,
Si vous alliez en faire la sottise,
Madame alors... bref, il y paraîtrait.
Ah! dit Atis, une pareille injure

Est un affront dont ma fierté murmure ;
Et tu vas voir, sans discours superflus,
Si j'en vaut moins pour trois soupirs de plus...

Atis croyait devoir être en colère ;
Lise avait peur que l'on ne s'apperçut
De son désordre ; et, pour venir au but,
Tout deux cherchaient un prétexte à l'affaire;
Tout bien compté l'affaire se conclut.
L'amant y vint à plus d'une reprise ;
On avait eu mauvaise opinion
De ses talens. Pour désabuser Lise,
Il fit effort. En telle occasion
Un peu d'orgueil est chose bien permise.
Enfin pourtant son courroux s'appaisa;
Lise au jardin rejoignit sa maîtresse.
Elle lui dit tout bas : il attendra ;
Songez que rien désormais ne le presse.
Ah ! dit Hortense, ici l'on soupera ;
Mais je ne veux en quitter pour cela
Rien du plaisir qui flatte mon attente.
Cours à l'office, et prends ce qu'il faudra
Pour son souper ; dis-lui que son amante,
De ce retard plus que lui mécontente,
Au cabinet bientôt le rejoindra.

Sans balancer, la gentille soubrette,

Accomplit l'ordre et porte au jeune Atis,
Des mets qu'amour semblait avoir choisis,
Vins excellens ; enfin chère complette.
Cette fois-là, pour la faire rester,
Il ne fallut aucuns efforts près d'elle ;
Elle attendait aventure nouvelle ;
Bacchus qui rend une fête plus belle,
Venait aider l'amour à l'arrêter.
Dans le repas une nouvelle flâme
Brilla bientôt ; l'on chanta, l'on sourit,
On but souvent la santé de la dame ;
Mais des santés Lise eut tout le profit..

La dame enfin s'étant débarrassée
De tous ses gens, vint trouver son amant.
Modestement Lise fut renvoyée ;
Mais par Hortense elle se vit chargée
De la tirer d'un danger plus pressant.
Des importuns le ciel me débarrasse,
Dit-elle, mais ici mon mari restera.
Las, harassé des travaux de la chasse,
Il est couché, sans doute il dort déjà.
A ses côtés il faut tenir ma place :
Toute la nuit notre homme dormira ;
Je le connais : si le hazard l'éveille,
Ce ne sera pour fameuse merveille,
Nul accident ne t'en arrivera.

La jeune Lise accepta la partie.
Pour sa maîtresse elle eût encore plus fait.
Du pauvre Atis la tendresse amortie,
Lui fit quitter nos amans sans regret.

Hortense, hélas! s'apperçut de la chose.
Elle employa caresses et soupirs,
Tendres discours, faveurs à triple dose.
Mais rien ne put ranimer des desirs
Ensevelis sous le poids des plaisirs.
Aux tendres soins succéda la colère;
Hortense, en pleurs, cria, fit la mégère:
Mais le courroux est un mauvais secours,
Quand une fois on voit fuir les amours.

De son côté l'obéissante Lise,
Près de l'époux dans le lit s'était mise.
Le cavalier par hazard s'éveilla;
En se tournant, sa main qu'il allongea
Sentit un sein plus dur qu'à l'ordinaire.
Oh, oh! dit-il, l'absence est salutaire
Pour des beautés accroître encor le prix.
Après deux mois, ma femme sait me plaire;
De ses appas tous mes sens sont ravis.
Il en voulut féliciter la dame;
Mais aux discours galans du cavalier,
Lise prudente, applaudissant dans l'ame,

Se garde bien de le remercier.
Elle se tut, et ne pouvant mieux faire,
En soupirant elle étendit les bras.
Le tendre époux, essayant ses appas,
Ou s'y méprit, ou ne s'en émut guère ;
Nous l'avons dit, le galant n'était pas
Homme incommode, et lorsque sous ses pas
Il rencontrait à peu-près son affaire,
Il n'allait pas chercher tant de mystère.
Il en agit un peu mieux qu'en mari;
Puis se tournant fut bientôt rendormi.

Hortense enfin, sûre de la défaite
Du jeune Atis, vint tirer la soubrette.
De cette nuit la belle satisfaite,
Sans faire bruit la place lui céda ;
Près de l'époux la dame succéda.
En cet endroit, l'infortunée Hortence
Avait encor quelque faible espérance.
Mais vainement la dame soupira,
Bailla tout haut, tira la couverture,
Jusqu'au matin le mari sommeilla.
Le plus fâcheux encor de l'aventure
Fut que l'époux quand il se réveilla,
En vrai mari pour lors se comporta :
Négligemment il prit la main d'Hortense ;
La main, sans plus, et la félicita

Sur ses beautés et sur la jouissance
Qu'il avait eue. Hortense vit par là,
Non, sans dépit, que l'heureuse soubrette
De la méprise avait eu le profit.
Et rappelant alors à son esprit
Le froid d'Atis, enfin elle comprit
Qu'elle avait eu l'aventure complette.
Ce souvenir l'enflâmait de courroux.
Mais quereller était faible ressource.
Qu'une suivante ait volé quelque bourse
A sa maîtresse, ou pris quelques bijoux,
Argent volé, bijoux peuvent se rendre;
Mais en amour, tout ce que l'on peut prendre,
N'est point sujet à restitution :
Le plus court fut de garder le silence;
Sauf dans la suite, en même occasion,
A se conduire avec plus de prudence,
Et ne laisser jamais joli tendron
A tel message aller ainsi d'avance.

LE BONNET.

En mules et léger bonnet,
En chemise et simple corset,
Les deux coudes sur sa fenêtre,
Alix voyait l'aurore naître.
Son ami Jean vint pas à pas;
Et la saisissant par derrière,
Dès le premier tour de carrière
D'Alix le bonnet fut en bas.
Ah! morbleu, dit Jean, c'est dommage,
Il sera peut-être crotté;
Je cours, sans tarder davantage,
Et l'aurai bientôt rapporté.
Reste, dit Alix, grosse bête!
Un bonnet le met en souci;
Va toujours ton train, quand ma tête
Par la fenêtre irait aussi.

LE DÉCRET DU MUFTI.

Un bon musulman scrupuleux,
Couché la nuit près de sa femme,
A tâtons une fois ou deux
Lui donna preuve de sa flâme.
Dans le déduit la bonne dame
Se laissa faire et ne dit rien.
Les Turcs pensent peut-être bien,
Les femmes chez eux n'ont point d'ame.
Peut-être aussi fut-ce accident;
Car le bon-homme, en s'éveillant,
Le matin, vit sa femme morte.
Femme de moins peu nous importe;
Chez les Turcs dà, nous savons tous
Que c'est grand dommage chez nous.

Mais le mari, comme homme sage,
Fut tourmenté d'un grand soupçon:
Etait-elle vivante ou non,
Quand il avait fait cet ouvrage
Que demande le mariage.
Pour femme en vie il est fort bon,
C'est œuvre pie et méritoire:
Pour femme morte, ma foi non,

C'est crime énorme et chose noire.

Le bon Turc en cet embarras,
Alla consulter sur son cas
Les chefs de la loi musulmane.
L'un l'absout, l'autre le condamne,
La chose alla jusqu'au Mufti,
Qui, pour prendre au fond son parti,
Eut de la peine à se résoudre.
Enfin, dit-il, suivant la loi,
Je pourrai toujours vous absoudre,
Vous étiez dans la bonne-foi.
Mais pour qu'un semblable scrupule
Ne laisse plus en ce cas-là,
Je vais vous donner un *fetsa* :
(Chez les Turcs c'est comme une bulle),
Et voici ce qu'il portera :
Toute femme qu'on baisera
Dans ce jeu toujours remuera....
Ne m'entendez-vous pas, compère ?
Par ce moyen l'on connaîtra
A qui l'on peut avoir affaire.
Et le patriarche ajouta :
Pour que la grace soit entière,
Cette ordonnance salutaire,
Chez les chrétiens même vaudra
Comme faite par le saint-père.

LE VAN.

Guillot avait pour ménagère
Femme bien faite, au crins noirs, aux gros
bras,
Ayant gorge avancée avec croupe en arrière,
Femelle enfin dont les appas
Aux connaisseurs auraient eu l'art de plaire.
Ils avaient tous deux pour compère
Un villageois, non des plus délicats,
Mais robuste et très-propre à l'amoureuse affaire;
Le grivois lorgna tant sa fringante commère,
Que le diable enfin s'en mêla,
Et dans leurs cœurs il alluma
Certain desir qu'il fallut satisfaire.
De raconter s'ils firent des façons,
Ce serait discours inutiles;
Celles qui de la ville ont goûté les leçons,
En pareil cas sont difficiles;
Il faut au moins huit jours de soins et de
raisons
Avant qu'à vos desirs vous les trouviez dociles:

Les villageois, dans leurs cantons;
Y vont plus uniment qu'on ne fait dans les villes.

Dans le fond d'une cour certaine grange était,
Basse, peu vaste, assez obscure;
La porte usée, et sans serrure,
D'un simple loquet se fermait.
Là pour tout meuble se trouvait,
De paille une ample fourniture.
De cette grange l'on grimpait
Dans un grenier assez étroit,
En passant par une ouverture
Où dès long-tems une trappe manquait.
Quand l'amour est de la partie
Tous les lieux sont charmans, tous les réduits son doux :
Dans cette grange ainsi bâtie
Notre couple amoureux prenait ses rendez-vous.
Un jour que sur la paille fraîche,
La commère dans ce réduit,
Avec son tendre ami faisait peu la revêche
Le mari, dans la cour, survint et fait du bruit.
Le galant alarmé de ce son qui le frappe,

Dans le grenier grimpe soudain :
Pour se cacher ayant peu de terrain,
Sur l'ouverture, il met au lieu de trappe,
Certain van dont Guillot se servait pour son grain.
Le mari vient, sur la paille jonchée,
Voit sa moitié qui, n'ayant pu sortir,
Avait pris le parti de demeurer couchée,
Les bras ouverts et faignant de dormir.
Guillot, en la voyant, lui vint en fantaisie
Certain desir que l'on devine bien,
Sans que le conte en dise rien,
Il se mit en devoir d'en passer son envie.

Le compère, d'en haut, entendant le tracas,
Presque jaloux de l'aventure,
Pour mieux examiner le cas,
S'accoudait sur le van qui couvrait l'ouverture :
Mais le manant, de pesante stature
Fait tant plier l'osier, qu'avec un grand fracas,
Voilà le van et l'homme à bas,
Sur le dos du mari qui piquait sa monture,
Bien adroit qui pourrait sortir de ce pas-là.
Le galant pourtant s'en tira,
En se levant soudain et criant à voix forte :
Holà, compère! êtes-vous là ?

C'est votre van que je rapporte ;
La commère hier me le prêta....
Guillot crut bonnement qu'il entrait par la porte :
Tout en jurant soudain il se leva.
Maudit butor, dit-il, que le diable t'emporte ;
Il faudrait regarder du moins auparavant
Que de jeter les choses de la sorte :
Tu m'as démi le croupion sûrement.
Moi, dit la femme, en rabaissant
Son cotillon, de frayeur je suis morte.

Sur le faux jour le galant s'excusa.
Conduit au cabaret, Guillot lui pardonna ;
Et dès le soir le galant fit ensorte
Que la femme aussi s'appaisa.

LE CARILLONNEUR.

LUBIN, tandis qu'il fut garçon,
Fût un grivois couru des filles,
Beau danseur, grand joueur de quilles,
En un mot la fleur du canton.

Il voulut se mettre en ménage,
Et prit fille de son village,
Jeune, brune, ayant des appas,
Alerte, d'ailleurs aussi sage
Que toute autre du voisinage :
C'est-à-dire, quand poliment
On lui faisait son compliment,
Ne faisant pas trop la sauvage.

Ce que j'en dis-là, ce n'est pas
Que femme civile en ce cas,
Ou me scandalise ou m'offense :
Tout au contraire, en conscience,
Si vous avez un vieux mari,
Je veux qu'un jeune favori
De ses froideurs vous récompense.
Si l'époux est jeune et galant,
Prenez toujours un autre amant,

Afin d'en voir la différence.

Pour en revenir à Lubin,
Dès que femme lui fut acquise,
Tout d'abord il fit son chemin,
Et parvint, sur-tout dans l'église.
Il était chantre, était bedeau,
Marguillier de la confrérie;
Dans les jours de cérémonie,
Du pain béni tout le plus beau,
Il avait le premier chanteau.

Le curé, qui lorgnait sa femme,
Lui valait tout ce bel honneur.
Enfin, notre amoureux pasteur,
Cherchant dès long-tems dans son ame,
A l'écarter pour, sans frayeur,
A sa belle expliquer sa flâme,
Le choisit pour carillonneur.

La première veille de fête,
Au haut du clocher, le mari
Faisait si beau charivari,
Que lui-même en perdait la tête.

Lorgnant cependant par un coin,
Par la lucarne, il vit de loin

Le pasteur et sa ménagère,
Qui commençaient sur la fougère,
Un certain jeu qu'il n'est besoin
Que fille apprenne de sa mère.
La belle paraissait peu fière;
Ils étaient tous deux sans témoin,
Et tout près d'un grand tas de foin.

Dame, quand Lubin, comme en cage,
Juché tout au haut du clocher,
Vit de loin tout ce beau ménage,
Qu'à peine l'on peut empêcher,
Quoiqu'on soit tout près de l'ouvrage,
Il fut d'abord saisi de rage.
Ne pouvant mieux faire, Lubin
Se mit à sonner le tocsin;
Du bourdon il fit tel tapage,
Que le curé tourna soudain,
Quitta prise, et revint grand train,
Croyant voir brûler son village.
Dans la place l'on se rendit:
Lubin ayant donné l'allarme,
Du haut du clocher descendit.
Tout accourut à ce vacarme;
Chacun s'était armé d'un seau,
Et chacun l'apportait plein d'eau.
A Lubin, qui fendit la presse,

Tout le monde demandait : Qu'est-ce ?
Lubin dit : ce ne sera rien ;
Vous n'avez tous qu'à me voir faire ,
Et m'imiter , tout ira bien.
On le crut : le curé lui-même ,
Prônait sans cesse son esprit ;
Mettre les gens trop en crédit
Est souvent un mauvais systême.
Le bon curé le ressentit ;
Car , quand il vînt dans la bagare,
Aussi-tôt, sans lui dire gare,
Le mari, dès qu'il le vit là ,
D'un seau rempli d'eau l'affubla.
Ses compagnons qui l'imitèrent ,
De si grand cœur le secondèrent ,
Que de tous côtés ondoyé ,
Le bon curé se crut noyé.
La femme aussi, sa belle amie ,
Vint, et devinant la raison
D'une telle cérémonie ,
Fut de part de la trahison.
En arrosant le pauvre sire
On dit même qu'on la vit rire :
Puis fiez-vous après cela ,
A ce perfide sexe-là.

Contre un si furieux déluge ,

Menaces, colère ou raison
Etaient remède hors de saison.
Le curé n'eut d'autre refuge
Qu'à fuir et gagner sa maison.

Le lendemain, tout en furie,
Notre sonneur il aborda.
Dieu sait comment il le gronda ;
De quel air il lui demanda
Quelle était donc cette manie,
De lui faire telle avanie?

Oh ! dit Lubin, en bonne foi,
Vous savez, sans qu'on vous le dise,
D'où cela vous vint, et pourquoi.
Après tout que cela suffise :
A l'office je servirai,
J'encenserai, je chanterai,
Tant que nous serons dans l'église ;
Mais au clocher, assurément,
Ne croyez pas qu'on me revoie,
J'y carillonne si gaîment,
Que je mets trop le monde en joie.

LA CONNAISSEUSE.

DANS son logis, un bel esprit femelle
Nombre d'auteurs chaque jour attirait.
Comus souvent les invitait chez elle,
Plus qu'Apollon ne les y conduisait.
L'un d'eux, un jour, au cercle récitait
De sa façon nouvelle tragédie.
Dans le récit, la dame se récrie :
Ah! les beaux sentimens, ah! le charmant endroit!
Qui dit cela? n'est-ce pas *la princesse*?
Eh! non, madame; eh! non, assurément,
Dit tristement le père de la pièce;
C'est le *prince*, c'est son amant.
Allons, dit froidement la dame;
C'est le prince qui parle, à présent je le voi:
Continuez, mais sur mon ame,
J'aurais cru que c'était le *roi*.

LES MAUVAIS DISCOURS.

PERE Cordon consulté par un frère,
Le Jouvenceau lui dit : Hier, sur le soir
Je rencontrai Nanon sur la fougère;
Je fus tenté ; j'entamai la matière :
Bref, je lui tint propos que l'ange noir
Me suggéra. Comment donc, dit le père,
Hier, sur le soir ! n'était-ce pas au coin?...
Là.... tout joignant à notre monastère ?
Oui, dit le gars; mais sans pousser plus loin,
Je m'arrêtai dans le préliminaire,
Et me sauvai, criant : *Satan arrière.*
Ah! malheureux : dit le moine en colère,
De ces propos ayez un grand remors :
Par vos discours tant vous aviez su faire
Que passant-là, malgré tous mes efforts,
Il me fallut achever son affaire.

LES ACCIDENS.

Tiré des contes de Douville.

Un jeune homme, en certaine église,
Apperçut un jour dans un coin,
Une bourse de bonne prise,
Qui lui venait fort au besoin.
Dévotement il s'en approche,
Et se baissant nonchalamment,
La prend dans sa main et l'empoche,
Puis se retire doucement.
Deux de ses compagnons fidèles
Se rencontrent sur son chemin,
J'ai, dit-il, de bonnes nouvelles,
Allons au cabaret voisin.
Dans la chambre il conte l'aubaine,
Qu'il doit à son heureux destin.
Chacun dit : Pour la bonne étrenne,
Il faut boire jusqu'à demain.
Pour rendre le tems agréable,
En attendant le déjeûner,
On jette l'argent sur la table;
On se plaît à l'examiner.
Cent écus étaient en cent pièces

C'était pour faire un payement,
Dit l'un; oui, mais incessamment,
Dit l'autre, on hausse les espèces,
Cet homme était fou, sûrement,
De faire ce remboursement.
Avec du vin, le maître monte :
Pour payer le premier marché,
Un écu fut tiré du compte,
Et le reste fut rempoché.
Mais tandis qu'ils sont dans la joie,
Le maître de l'argent perdu
Revient dans l'église; éperdu,
Il s'enquête il cherche, il tournoie,
Tant demandé, tant répondu,
Qu'enfin on le met sur la voie;
Et par un coup inattendu,
Le diable au cabaret l'envoie.
Il avait d'archers malfaisans,
Pris en chemin nombreuse escorte;
Je vais, leur dit-il, là dedans,
Quant à vous, gardez bien la porte.

Il monte en haut tout en courroux:
Çà, dit-il, messieurs, l'un de vous
Tantôt a ramassé ma bourse :
Vous êtes perdus sans ressource,
Si vous ne rendez... Ah! tout doux,

Dit celui dont la main alerte
Avait ramassé le trésor;
Nous ne dénions rien encor,
Il faut vous rendre votre perte.
Mais un écu pour déjeûner,
Sur cent, la somme est bien modeste :
Quatre-vingt-dix-neuf sont de reste,
Tenez je vais vous les donner :

Oh! dit l'homme, d'une voix fière :
Je ne le compte pas ainsi;
Je ne sortirai point d'ici
Que je n'aie ma somme entière.

Vous sortirez quand vous voudrez,
Dit l'autre en resserrant la bourse.
Aussi-tôt sautant les degrés,
Malgré la garde il prend sa course.
L'homme crie: au guet, arrêtez :
Le feu dans leurs yeux étincelle.
Mais malgré leurs cris répétés,
Le drôle enfile la venelle.

Devant lui, par un sort fatal,
Se trouve une pauvre femelle,
Dont le sein, du nœud conjugal,
Renfermait un gage fidèle.

Il heurte sans réflexion,
Cette femme au jarret peu ferme;
Elle tombe et sa pamoison
Fait déloger avant le terme
L'appui futur de sa maison.

Le mari, dont la géniture
Vient de périr par ce malheur,
Pour attrapper le malfaiteur,
Se joint aux faiseurs de capture.

Peu s'en fallait que le fuyard
Ne fût pris par la troupe bleue;
Un âne s'offre par hazard,
Le drôle s'en fait un rempart,
Dans une ruelle à l'écart,
En le saisissant par la queue.
Tous les archers tournaient en vain,
Leur vive et nombreuse cohorte
Trouvait toujours l'âne en chemin.
Mais le grivois tire de sorte
La queue, apparemment peu forte,
Qu'elle se rompt, quitte soudain,
Et lui demeure dans la main.

Il se met à fuir de plus belle;
L'ânier pour en avoir raison,

Se joint encor à la sequelle ;
Chacun suit le pauvre garçon.
En chemin, ressource nouvelle ;
Ce fut l'atelier d'un maçon :
Notre gaillard grimpe à l'échelle,
Et gagnait presque la maison ;
Quand un manœuvre plein de zèle
Tire l'échelle par le pié :
Le fugitif tombe avec elle,
Sans pourtant être estropié.
Mais, en faisant la culebute,
Notre malencontreux garçon
Tombe sur le corps du maçon,
Et lui casse un bras par sa chûte.

Pour le coup, le drôle atterré,
Ne peut plus trouver de refuge.
Après l'avoir un peu bourré,
On le mène devant le juge.

Chacun l'y suit fort irrité ;
L'homme aux écus tout hors d'haleine,
Le père du fruit avorté,
Et le manœuvre qu'on amène
Avec son bras empaqueté.

Le premier sans cesse répète ;

Qu'il est sans accommodement ;
Et ne veut point de son argent
Que la somme ne soit complète.

Le père s'avance, en criant
Si fort que le gosier lui râle :
Faites-moi rendre mon enfant ;
Mon cher monsieur, c'était un mâle.

Ah! dit le maître du grison,
On me battra comme un marâne,
Quand ma femme verra son âne.
Venir sans queue à la maison.

Je perds bien plus, dit le manœuvre,
Que ceux qui font tant de fracas ;
Quelqu'un voudra-t-il mettre en œuvre
Un maçon qui n'a point de bras ?

Le juge dit, grattant sa tête :
Le cas est tout nouveau, vraiment,
N'importe, je ne suis pas bête,
Ecoutez tous mon jugement :

Nous ordonnons que le jeune homme :
Ne pouvant rendre cent écus,
Restera maître du surplus,

Jusqu'à qu'il ait refait la somme.

Voulons que celui dont l'enfant
Fut défait par ce bon apôtre,
Lui prête sa femme à l'instant,
Afin qu'il en refasse un autre.

Voulons que l'âne mutilé,
Dont la pauvre queue est perdue,
Demeure à cet écervelé
Tant qu'elle lui soit revenue.

Pour le maçon peut, aisément,
Avoir raison de sa blessure ;
Qu'en tombant de même mesure,
Au coupable il en fasse autant.

Aussi-tôt, levant sa séance ;
Vous gagnez tous votre procès,
Dit le juge ; et pour ma sentence,
Allez, je la donne sans frais.

LE VOYAGEUR.

Lubin, revenant de voyage,
Disait un jour à son voisin :
Gros-Jean, pour peu que tu soit fin,
Ne quitte jamais ton ménage :
Depuis que je suis de retour,
Sur un point qu'il n'est nécessaire
De t'expliquer, ma ménagère
Me fait enrager nuit et jour.
Vrai ; sur ce point-là j'ai beau faire,
Je ne saurais la satisfaire.
Aussi, je rends justice à tout,
La pauvre femme, en mon absence,
A jeûné trois mois bout-à-bout :
Il est permis d'entrer en goût
Après aussi longue abstinence.

Mais as-tu bien examiné,
Dit Jean, si c'est qu'elle a jeûné ?
Tiens, j'ai vu Guillot, ton compère,
Qui rodait sans cesse alentour ;
Le butor t'aura fait le tour
De l'accoutumer, au contraire,
A faire un trop grand ordinaire.

LA CHEMISE.

Un capucin avec un jeune frère,
Par le pays allaient quêtant :
Soixante ans environ étaient l'âge du père,
Et dix-sept ans celui du postulant.
Le vieillard, en son tems, entre les bons apôtres,
Etait digne d'être compté,
Ne disant pas toujours ses patenôtres,
De maints tendrons le moine avait tâté ;
Pour le présent, soigneux de sa santé,
Il s'amusait à voir faire les autres.
Le jeune frère avait assez d'attraits
Pour fournir, quelque jour, à plus d'une aventure ;
Œil brillant, teint vermeil et frais,
Vrai visage de none ; enfin, si la nature
L'eût voulu faire fille, il en eût eu les traits.
Nos moines voyageaient pendant la canicule,
Un certain jour, après avoir couché
Chez une dame ayant peu de scrupule,
La femelle eût le cœur touché

De voir notre jeune novice
Par le chaud et par l'exercice,
Ayant son froc presque au dos attaché.
Elle lui dit, votre règle est sottise;
Soyez bien sûr que l'on peut, sans péché,
En voyageant avoir une chemise.
Toile ou serge au même niveau,
Par gens sensés doit être mise;
Ce qui n'entre pas dans la peau
Doit (aux hommes sur-tout), être chose permise.

La dame, ayant tiré le novice à l'écart,
D'une des siennes lui fit part.
Le novice goûta la docte réprimande;
Du présent il remercia,
Et soudain sous sa houppelande,
Le jeune drôle l'endossa.
De ce marché de contrebande,
Le père ne vit rien, ou peu s'en soucia;
Le couple but trois coups, dit grace et s'en alla.
Le soir chez une vieille veuve,
Nos compagnons trouvèrent à gîter.
La vieille avait nièce encore toute neuve,
Fillette de quinze ans, qui n'avait fait l'épreuve

Des biens que l'amour fait goûter.
Au reste, valant bien la peine
Que Cupidon employât ses attraits.
De jeunes gens plus de douzaine
Se présentaient pour en faire les frais;
Mais la vieille, rien moins qu'humaine,
Rendait tous leurs soins sans succès.
Cette vieille toujours grondante,
Etait sans valet ni servante.
Dans sa maison une salle par bas,
Servait à tout son tripotage,
On y faisait et cuisine et repas;
C'était le palais du ménage.
La salle avait deux chambres au-dessus;
Dans chaque chambre un lit, le premier pour la tante
Gardant sa nièce en véritable Argus;
Dans la chambre du fond, de la nièce innocente,
Les modestes appas la nuit étaient reclus.

Pour les moines, sur-tout, le sexe est charitable:
Notre couple fut bien reçu;
On mit la quête sur la table,
A la cave deux fois le broc fut descendu;
Chacun des assistans, abreuvé, bien repu,

Hormis un sommeil agréable,
Tenait tout bien pour superflu.

Dans la première chambre, en personne prudente,
La veuve mit les survenans;
Elle, dans l'autre, avec sa jeune infante,
Soigneusement s'enferma par-dedans.

Le capucin, oubliant son bréviaire,
Mit bas son froc, et se coucha
Au bord du lit, et laissant place au frère :
S'endormit bientôt et ronfla.

La nièce, de sa part, sans secours de coëffeuse,
Fit sa toilette, et s'étant mise au lit,
Ainsi que le vieillard, aussi-tôt s'endormit.

Mais notre tante curieuse,
Dans la première chambre entendant quelque bruit,
Voulut chercher pour cette nuit,
Matière à son humeur grondeuse.
Elle applique son œil aux trous de la cloison;
Elle apperçoit le moinillon,
Ayant mis bas sa robe grise,

Et se promenant en chemise ;
(Chemise de femelle, est pernicieux don ,
Fait pour mettre toujours le trouble à la maison) ,
La veuve s'y méprit. Que vois - je ! une fillette ,
Dit-elle, va coucher avec ce vieux pénard ?
Oh ! j'empêcherai bien que ce maudit paillard
Ne profane ainsi ma retraite ;
Demain ce vieux ribaud aura son fait à part ,
A bon compte, de sa poulette,
Emparons-nous pour cette nuit.

Lors, ouvrant la porte sans bruit,
Elle saisit par le bras le novice.
Quoi ! dit-elle, ange de malice ,
Avec ce vieux pendart, vous courez donc ainsi ?
Pendant cette nuit, dieu merci ,
Vous serez sage ; et je puis vous promettre
Qu'en un lieu je saurai vous mettre ,
Où jusques à demain vous ne pourrez broncher ;
Avec ma nièce il vous faudra coucher.
Le novice, sans rien comprendre,

Au discours de la vieille, est par elle mené
Dans la chambre du fond. Là, sans vouloir
l'entendre,
On l'enferme en sortant. Quoique fort étonné,
Le novice admira la fillette dormante.
Ses deux bras étendus paraissaient dans
l'attente;
Certaine gorge palpitante,
Que sans cesse il voyait se hausser, se baisser,
Semblait lui dire d'avancer.
Auprès d'elle, dit-il, puisqu'il plaît à la
tante,
Couchons-nous donc. J'ai bien oui prêcher
Qu'on doit éviter la luxure;
Mais, dans toute cette aventure,
On ne saurait me reprocher,
Du moins que je l'aille chercher.
A dix-sept ans, plus long scrupule,
A bien des gens paraîtrait ridicule;
Entre deux draps le drôle se fourra;
On ne sait pas pourquoi, mais la nièce
cria,
Hélas! ma tante, eh! qu'est-ce que cela?
Taisez-vous, petite pécore,
Dit aussi-tôt la vieille à travers la cloison,
Ne pourra-t-on dormir dans la maison?
Que si je vous entends encore....

Le frère dit tout bas : votre tante a raison ;
Ne disons rien, et prenons patience.
La fillette obéit, plus douce qu'un mouton.
Le silence et l'obéissance,
Sont deux vertus, sans contredit,
Plus utiles que l'on ne pense ;
Nos jeunes gens les mirent à profit.

De son côté, la veuve étant restée
Dans la chambre du capucin,
Voyons, dit-elle, à quel dessein
Ce vieux reitre conduit cette jeune effrontée :
Couchons-nous près de lui ; s'il prétend attenter
A mon honneur, je saurai me défendre ;
Et ce n'est pas à moi qu'il faudra se frotter.
A ces mots, mettant bas robe, cotte et chaussure,
Près du moine endormi la veuve se coucha.
Pour elle la nuit se passa
Sans qu'il arriva d'aventure ;
Jusqu'au matin, le vieux moine ronfla.
Peut-être cela la fâcha
Elle eût trouvé mauvais qu'il eût fait le contraire ;
Il est certains esprits qu'on ne peut satisfaire.

Après grand jour, le moine s'éveilla,
Vit dans son lit la veuve au lieu du frère :
Oh, oh ! dit-il, eh ! que venez-vous faire
Si près de moi ? J'ai vu, ma bonne mère,
Un tems où on gagnait par-là,
Pour ses péchés, l'indulgence plénière,
Mais aujourd'hui, dans cette affaire,
Mon compagnon vous aidera ;
Je ne me sens plus propre à ce mystère.

Comment ? dit la vieille en colère,
Tu veux railler, et ne dis pas cela,
Avec cette jeune commère
Qui suit tes pas, et que tu croyais-là ;
Mais, foi de veuve, laisse faire,
De cette amie on parlera ;
Dès aujourd'hui ton gardien le saura.

Quoi ! dit le capucin ; êtes-vous endormie ?
Vous rêvez bien assurément :
Que parlez-vous de commère ou d'amie ?
Quand j'en trouvais, par fois j'en faisais la folie,
Mais les quittais honnêtement ;
Et de tout tems j'ai fait serment,
De ne m'en charger de ma vie.

Quoi! vieux démon, tu soutiendras,
Reprit la veuve, encor plus irritée,
Que cette petite effrontée,
Ne te sert point à tes ébats?
Viens avec moi, tu la verras.

Disant ces mots, la veuve impatience,
Conduit le moine à la chambre du fond :
Nos jeunes gens étaient dans un sommeil profond;
Les draps, la couverture étaient dans la ruelle!
L'amour semblait, lui seul, répandre des pavots,
Sur le jeune homme et sur la belle,
Ensevelis tous deux dans le sein du repos.

A cet aspect, qui fut très-peu contente?
Ce fut la veuve trop prudente.
Elle apperçut entr'eux certains appas,
Que femmes en propre n'ont pas.
Ma bonne, dit le moine, à la veuve surprise,
Qui donc a mis-là ce garçon?
Hom! dit-elle en grondant, qui ne s'y fût méprise?
Et pourquoi sous sa robe grise

Chemise de cette façon?
Oh ! dit le capucin, cette belle raison
N'excuse point votre sottise :
L'habit ne fit jamais le moine, ce dit-on;
Qui fait la fille, est-ce donc la chemise?

L'INCONNU.

Un certain jour, trois commères,
D'épaisse rotondité,
Remplissaient de leurs trois derrières,
Un fiacre assez mal monté.
Un petit laquais, par derrière,
S'accrochait du mieux qu'il pouvait,
Et le cocher qui jurait,
Tâchait de fournir sa carrière.

On voyageait avec gaîté,
Quand à gauche une grosse pierre,
Et du côté droit une ornière,
Font perdre au fiacre mal lesté,
Le centre de gravité,
Et le couchent sur la poussière.

Le petit laquais culbuté,
Se lève en frottant sa croupière,
Et du fiacre, sur le côté,
Va, boitant, ouvrir la portière.
Mais le jeune homme, épouvanté,
Voit, comme dans un gros reliquaire,
Trois gros culs, dont la nudité

Vient lui sauter à la visière.
A ce spectacle inattendu,
Jasmin, étonné, se redresse,
Quand il entend sa maîtresse,
(Dame modeste et de vertu),
Qui la tête en bas dans la presse,
Criait : Petit laquais ; eh ! cache donc mon
cul,
Eh mais! dit Jasmin éperdu ;
Parlez, madame, lequel est-ce ?

L'HOMME ENTENDU.

Dans certain bourg qui servait de passage
Aux gens de guerre, étaient deux villageois,
Ayant chacun femelle en mariage,
Jeune, fringante, et de joli corsage;
Bref, près de qui tout autre qu'un grivois,
Eût volontiers fait les frais du ménage.

Un certain soir, qu'ensemble ils chopinaient,
De ces soldats nos manans devisaient.
Morgué, disait Pierrot, cette canaille
Me fâche plus que corvée et que taille:
Je les voudrais tous voir au fond de l'eau.
Eh quoi, dit Jean, que te font donc ces hommes?
Ne sont-ils pas faits tout comme nous sommes?
Qu'ont-ils donc tant qui trouble ton cerveau?
Quoi! dit Pierrot; tout d'abord ils sont cause
Que notre femme ailleurs s'en va coucher:
A ces ribauds veux-tu que je l'expose?
Ce serait bien de quoi la débaucher.
Après cela c'est toujours à refaire;
Et rien de moi ne peut les contenter.
Enfin de tout, j'ai beau m'en enquêter,

Ils m'ont toujours dérobé quelqu'affaire.
A tout cela, dit Jean, tu n'entends rien.
En cas de moi, je les attrape bien,
Quand je les vois, je quitte le ménage;
De tout ce train je charge ma moitié :
Et la fripponne, elle a mardi bon pied !
Bien éloigne de me faire dommage,
Tiens, quand je rentre, ils ont tous oublié
Ou quelque nippe, ou quelqu'autre bagage.

LE PASTEUR DE BONNE FOI.

Un curé de village, homme sans artifice,
Avec ses habitans vivait tout rondement :
Il savait, à son prône, endormir doucement,
Et dormait à son tour quand on chantait l'office.
Pour régler son ménage il prit
Une chambrière à sa guise,
Ayant, suivant l'ordre prescrit,
Dix lustres accomplis, mais encore de mise,
Propre sur-tout, et de bon appétit :
Fille au reste trop bien apprise
Pour coucher ailleurs qu'au grand lit,
Car, dès l'enfance on l'avait mise
Au service des gens d'église.
Mais par un malheur qui surprit
La pauvre fille, ainsi que son bon maître,
Un beau matin l'amorce prit,
Certaine enflure enfin vint à paraître.
Les villageois, gens impolis,
Sans respect s'en apperçurent,
Et, pour en donner avis,
A l'évêque aussi-tôt coururent,

Par le prélat le pasteur fut mandé,
Et sur le crime et le scandale,
Très-vivement réprimandé :
Faire un enfant ! la faute est capitale.
Hélas ! dit le curé, sans témoigner d'effroi.
Quand j'ai fait choix de cette ménagère;
Elle avait cinquante ans ; voici son baptistaire :
Vous eussiez, monseigneur, été pris comme moi.

LES OBSERVATEURS
DE LEUR RÈGLE.

On voyait dans nos champs régner la triste automne,
Lorsqu'un capucin voyageant,
Entra dans une auberge, estimée assez bonne,
Avec grand appétit, mais sans aucun argent.
A ce pauvre piéton, n'ayant denier ni maille,
L'hôte, par charité, fournit un peu de pain ;
Et lorsqu'il eut calmé presqu'un quart de sa faim,
On lui montrait du doigt le grenier à la paille,
Quand dans l'hôtellerie entre un gros bernardin.
Notre homme était à pied, mais sa large encolure,
Portait contre la pluie un excellent manteau ;
Et ses souliers, fourrés d'une bonne chaussure,
Des rigueurs du chemin garantissait sa peau.
D'une voix haute, en entrant il commande
Bon feu, bon souper et bons draps.
Le capucin l'aborde et lui demande
Un peu de part à son repas.

Ma charité, dit l'autre, est grande ;
Mais pour ce soir cela ne se peut pas ;
J'ai demain une traite à faire,
Et, par une règle sévère,
Il nous est sur-tout défendu
De porter rien de superflu.
En pestant contre cette règle,
Le capucin va tristement chercher
L'endroit où la paille de seigle
Etait prête pour son coucher.
L'autre moine à face vermeille,
Ayant soupé de fort bon appétit,
Congédia Margot, qui bassinait son lit,
En lui disant quelques mots à l'oreille,
Puis se coucha, puis s'endormit,
Laissant encor du vin dans la bouteille.

Quand l'aurore le lendemain,
Eût doré la céleste voûte,
Nos moines éveillés reprirent leur chemin.
Ils suivaient par hazard tous deux la même route :
Le bernardin fuyait diligemment
Du capucin l'accointance importune :
Le capucin le suivait tristement,
Vuide de nourriture et gonflé de rancune.

Depuis long-tems ils suivaient un détroit,

Entre deux roches exhaussées,
Quand, par malheur, ils trouvent un endroit
Où les eaux de pluie amassées,
Formaient une espèce d'étang
Très-peu profond, mais bourbeux et fort grand.
A cet aspect, notre moine à sandale
Ne se trouvait dans aucun embarras,
Et quitte pour avoir la jambe un peu plus sale,
En troussant sa jaquette il franchissait ce pas.
Mais notre bernardin du naturel des chats,
En traversant ce fâcheux intervalle,
Avait peur de mouiller le moule de ses bas.
Le mendiant le voyant dans la crise,
Riait sous cape, et se disait tout bas,
Hier tu me fis jeûner, mais tu me le pairas,
Où j'y perdrai ma robe grise.

Tandis que le moine chauffé
Considérait tristement cette fange,
Le capucin l'aborde l'œil baissé :
Voilà, dit-il, mon père, un accident étrange.
On ne saurait pourtant passer qu'en ce lieu-là,
Je plains bien fort le cas où vous voilà.
Ah! dit l'autre, il est vrai, je ne sais comment faire.
Si, dit le capucin, hier vous m'eussiez, mon père,

Fait un plus charitable abord
Je pourrais vous tirer d'affaire ,
En vous portant jusques à l'autre bord.
Mais vous avez agi d'une manière ,
Oh ! dit le bernardin , je conviens que j'ai tort.
Mais je veux réparer ma faute ,
Et vous promets qu'au cabaret prochain ,
Je vous ferai donner par l'hôte
Ample déjeûner et bon vin ,
Portez-moi seulement jusqu'où cette eau prend fin.
Ça , dit le moine gris , le ciel veut qu'on pardonne ,
Et que l'on aide son prochain ;
Sur-tout une honnête personne
Qui ne veut pas que l'on meure de faim.
A ces mots il courbe l'échine ;
L'autre avec les genoux lui saisit le chignon ,
Et le moine barbu dans le bourbier chemine ,
Tenant ferme sur sa poitrine
Les jambes de son compagnon.

Mais , au milieu du lac le porteur se ravise ;
Et , s'arrêtant tout court , demande au bernardin :
Pour que nous fassions ce matin ,
Cette chère qui m'est promise ,

Vous avez donc crédit sur ce chemin ?
Oh ! dit le moine noir, marchez en assurance ;
De s'attendre au crédit ce serait un abus ;
Mais j'ai dans mon gousset de beaux et bons écus ;
C'est ce qui porte bonne chance.
Vous avez des écus, reprit l'autre en courroux!
Et vous montez sur moi ! vous me damnez, mon père !
Quoi ! ne savez-vous pas que notre règle austère
Nous défend de porter jamais d'argent sur nous ?

En disant ces mots, notre drôle
Lâche les pieds de son fardeau ;
Et secouant vîte l'épaule,
Il vous jette le moine au beau milieu de l'eau
Le pauvre homme en vain se récrie,
Le capucin lui dit, courant comme un perdu :
Votre règle défend d'avoir du superflu,
Et que deviendra donc la nôtre je vous prie?

LES TROIS CHEVILLES.

Un vieux et riche charpentier
Etait père et tuteur d'une jeune pucelle
Elle était opulente et belle,
Il voulut la marier.
Trois garçons de même métier
Prétendirent à la pupille.
Le père dit : ce n'est qu'au plus habile
Que je prétends m'allier;
Faites-moi seulement chacun une cheville,
Cet ouvrage décidera.
Celui qui mieux réussira,
Sans contredit, aura ma fille.

Deux de nos gens brûlent de travailler;
Excités par l'amour, l'un polit, l'autre rogne;
D'un air indifférent regardant leur besogne.
Le troisième semblait railler.

L'heure venue, on présente au bon-homme
Ces chef-d'œuvres fameux, dignes d'un si beau prix.
Après les soins qu'ils avaient pris,
Les deux premiers croyaient avoir la pomme.

Le troisième, en effet, offrait de son côté,
Un bois de bizarre structure,
Tortu, carré, mal raboté,
Qui de cheville enfin n'eût jamais la figure.

Quoi ! lui dit le vieillard, avec ce biau bijou,
Mal-adroit, vous osez prétendre
Au bonheur d'être mon gendre ?
Allez, vous êtes ma foi fou.

Parbleu, votre folie est pire que la mienne,
Dit le galant; avant que d'avoir vu le trou,
Puis-je fournir cheville qui convienne ?
Le père sourit à ce mot;
Et, malgré ses rivaux, il lui donna sa fille.
Le vieillard, en ceci, ne se montra pas sot :
Un peu d'esprit vaut bien une belle cheville.

L'HOMME RECONNAISSANT.

PARMI ses gentilles chrétiennes,
Un gros curé fit tant des siennes,
Que le promoteur s'en mêla.
Quel train, dit-il, est-ce donc là ?
Comment! honnir toutes les femmes ?
Avec une ou deux bonnes ames,
On vous le passe; on sait fort bien
Aussi que c'est trop peu que rien:
Mais quoi! toutes!... Il n'est mémoire
Que tel cas se soit rencontré.
Que voulez-vous, dit le curé ?
Ici, tous ces manans font gloire
De crèver à force de boire;
Chacun laisse-là sa moitié:
Et les femmes, qui font pitié,
A force de jeûner sont blêmes;
Je ne verrais pas deux carêmes
Que je serais sans habitans;
Ils me font des enterremens,
Et moi je leur fais des baptêmes.

LE SOLDAT DE SIENNE.

Un mal de dents un certain jour surprit
Un villageois des environs de Sienne.
Il en perdait (tant grande était sa peine)
Sommeil et joie, et presque l'appétit.

Au point du jour, il accourt à la ville,
Tout plein d'ennuis, et tout léger d'argent,
Pour y chercher si quelque main habile
Peut lui tirer son mal avec sa dent.

Arrivé-là, sur la place publique,
Il voit d'abord dans fameuse boutique,
Un gros frater assis, et regardant
Si du matin il lui viendrait pratique.
Notre manant l'aborde, et puis s'explique.
Son mal de dents fut vu, vérifié :
Mais, sans argent, le frater sans pitié,
N'écouta point toute sa rhétorique,
Sans allégeance il fut congédié.

Triste et pensif, tandis qu'il se promène,
Vient sur la place un vendeur de ratons,
Criant si fort qu'il en perdait haleine :

Ils sont tout chauds, tout chauds; ah! qu'ils sont bons!
Le villageois tendrement s'en approche,
Prêt à montrer à tous les assistans,
Que s'il était sans argent dans sa poche,
Il n'avait pas mal à toutes ses dents.

Au coin tout proche était un corps-de-garde
Hôtel rempli de soldats fainéans,
Mauvaise engeance, et nation bâtarde,
Que dieu créa pour faire pièce aux gens.
L'un d'eux croyant trouver homme à sa guise,
En souriant, vint dire au villageois :
Qu'est-ce, mon cher, à ce que j'apperçois
Tu prendrais goût à cette friandise.
Hélas, monsieur, à parler sans feintise,
Dit le manant, si quelqu'un les payait,
De refuser je n'aurais la sottise;
J'en mangerais tout autant qu'il voudrait.

Tant qu'il voudrait! il n'est rien qu'on ne fasse,
Pour voir cela j'en vais payer un cent,
Dit le soldat, vois-tu j'ai de l'argent :
Mais songe bien que je veux que tout passe.
Que si ton ventre ou ton gosier se lasse,
Que prétends-tu risquer aussi du tien?

Le manant dit : par ma foi, je n'ai rien ;
Mais je vais vous proposer une affaire,
Je veux.... dit-il, en rêvant un instant....
Oui, je veux bien qu'on m'arrache une dent.
Le soldat dit : une dent mâchelière ?
Oui, répond l'autre ; allons, je suis content.

Marché conclu, le villageois commence.
Dix, douze, vingt, passent en un moment :
La suite allait un peu plus lentement.
Mais, quand ce vint la cinquième douzaine,
Le villageois renonce absolument.
Ouf ; j'ai perdu, dit-il, mais sans rancune :
Hélas ! pardon.... Quoi ! lui dit le grivois,
Tu me prends donc ici pour un bourgeois ?
Ouvre les dents que je t'en accroche une.
Oh ! monseigneur, lui dit le villageois,
En bonne foi, ce vous serait vergogne
De faire à vous une telle besogne :
Puis, quand ainsi l'on m'a vu parler,
Nous entendions qu'un homme du métier
Ferait l'affaire. Et montrant la boutique,
Où du matin il voyait le barbier,
A ce monsieur, donnez votre pratique.
Le soldat dit, viens, j'y suis entêté.

Le gros frater, sur sa porte arrêté,

Avait bien vu toute la manigance ;
Et de ce tour, il riait *à parte.*
Par le soldat il fut payé d'avance :
Lors du matin ayant bien connaissance
De quelle dent l'autre était tourmenté,
Il la lui tire avec dextérité ;
Puis la donnant au soldat pour sa peine :
Tenez, dit-il, vous avez bonne étrenne :
Ce bon garçon pensait vous attrapper,
Vous ferez voir que les soldats de Sienne
Ne sont pas gens à se laisser duper.
Le manant dit : adieu donc, quitte à quitte.

Le ventre plein, on le vit retourner,
Défait de plus de cette dent maudite,
Sans que pour elle et pour son déjeûner,
Il eût payé denier, maille ni pite.

LA FEMME COMPLAISANTE.

En sortant du moutier, un nouveau marié,
Allait tenant le bras de sa jeune donzelle.
Elle avait tant d'ardeur de n'être plus pucelle,
Qu'à peine à terre elle touchait du pied.

Le jeune époux dit tout bas à la belle :
Nous aurons dans neuf mois le plus beau des poupons,
J'y ferai mon devoir, lui répond la femelle,
Mais, reprit-il, sitôt que nous arriverons,
Dînerons-nous, ma chère, ou si nous le ferons,
Tout comme il vous plaira, dit-elle,
Et puis après nous dînerons.

LES LIEUX A L'ANGLAISE.

Un maître ès-arts, déjà sur son déclin,
Avec de grands pensionnaires,
Prit femme de vingt ans, ignorante en affaires;
Mais qui savait parfaitement le fin
De ce jeu si charmant que pratiquaient nos pères,
Avant qu'il fût du grec et du latin.

Un jeune candidat, favori de la belle,
Goûtait souvent ses plus douces faveurs;
De leurs mutuelles ardeurs,
Tous les coins du logis savaient quelque nouvelle.
Il ne leur fallait point ces apprêts délicats
Recherchés des amans usés par la luxure;
Nos deux jeunes gens n'étaient pas
Des marquis ou des magistrats.
Leur amour dédaignait le faste et la parure
De ces appartemens, où l'or et la peinture
Unissent leurs brillans appas:
Enfin ces beaux jardins, ces eaux dont le murmure.

Semble réveiller la nature,
Etaient bannis de leurs tendres ébats.
A ces secours suppléait la jeunesse;
Et sans faire tant de façons,
Pour se livrer à leur tendresse,
A nos amans tous réduits étaient bons.

Enfermés certain jour aux lieux que l'architecte
Ne destina jamais pour asyle à l'amour,
(Lieu pourtant nécessaire, et que chacun respecte,
Au dieu Comus, quand il a fait sa cour).
La belle et l'écolier s'assuraient tour-à-tour,
De leur ardeur par preuve peu suspecte.
(Il faut noter ici, comme un point principal,
Que dans ces lieux était un double tribunal).
Tandis que nos galans, des amoureux mystères,
Goûtaient le plus parfait plaisir,
Le bon mari, pressé d'autres affaires,
Vient à la porte et veut ouvrir.
De sa jeune moitié, d'abord le sang se glace;
Elle se crut dans un péril affreux :
Mais sans se démonter, l'écolier moins peureux,
Répond : Je suis dedans et j'occupe la place.

Ouvrez, ouvrez, dit le maître en courroux,
Dans ce lieu n'est-il pas deux trous?
Ce sera pour chacun le nôtre.
Oh ! vous avez beau tempêter;
Allez ailleurs, repart le bon apôtre,
Les trous sont trop près l'un de l'autre,
Pour que tous deux nous puisssions y rester.

IL N'EST RIEN DE TEL
QUE DE TENIR.

Au dessert, après bonne chère,
Des dames disputaient sur la bonté des fruits.
J'aime fort, disait la première,
Ceux qui sont gros et bien nourris;
Peu m'importe, dit la seconde,
Qu'ils soient gros ou qu'ils soient petits;
J'aime ceux où le jus abonde.
Une autre dit : j'ai lû qu'en un certain pays,
Dans l'Amérique on en voit nombre
De fort gros ensemble et fort longs :
Oui, dit une autre, en forme de concombre :
Ceux-là ne croissent point à l'ombre;
Et c'est ce qui les rend si bons.
En bonne foi, dit une chambrière,
Sur tout delà c'est bien parler en vain;
J'ai toujours vu que dans cette matière,
Le meilleur est celui que l'on tient dans sa main.

LES MENECHMES.

De deux jumeaux, l'un garçon, l'autre fille,
L'humeur était semblable de tout point :
Tous deux de figure gentille,
Ils avaient même taille avec même embonpoint.
Qu'on eût défié le plus fin
D'y trouver nulle différence.

A quatorze ans même desir les prit
De quitter à jamais le monde ;
A ce dessein leur famille applaudit :
La fille en un couvent de piété profonde,
Fut novice, puis prit l'habit ;
Et, sous le nom de Roch, un prochain monastère,
Notre jumeau devint révérend père.
Telle affaire n'est pas un jeu ;
Se lier pour toujours est très-grande folie :
Aujourd'hui je le veux ; que sais-je si dans peu,
Je n'aurais pas toute autre envie ?
Si jamais je fais quelque vœu,
C'est de n'en faire de ma vie.

Pour finir ce raisonnement
Le jeune frère allait souvent
Voir sa sœur; et pour compagnie,
Prenait un moine du couvent :
Ce n'était pas le plus savant ;
Mais celui de la confrairie,
Dont pour gardien on eût fait choix,
Si les filles eussent eu voix.
Aussi, tout d'abord, il eut celle
D'Agnès (c'était ainsi qu'on nommait la jumelle),
Elle sentit, dès le premier moment,
Dans son cœur, novice encore,
Certain desir qui vint éclore,
Qui lui parlait incessamment
Du plaisir d'avoir cet amant.
Elle amenait, de sa part, à la grille
Une nonain, simple, jeune et gentille,
A l'air modeste, au maintien composé ;
Maintien qui sait aussi bien faire
Que l'air brillant, que l'air aisé
De la mondaine la plus fière.
Après tout chacune a son prix :
Sans décider sur cette affaire,
Disons que le jumeau fut vivement épris
Des naïves beautés de la jeune commère.
Nos jumeaux donc ayant mêmes desirs ;

De leur penchant eussent fait bon usage
Ailleurs qu'en un parloir, dont le fâcheux treillage,
Obstacle importun des plaisirs,
Ne laissait un libre passage
Qu'à des regards et des soupirs.
L'ennui de voir cette grille maussade,
Sur le frère et la sœur eut un si grand pouvoir,
Qu'enfin l'amoureux désespoir
Rendit l'un et l'autre malade.
Aux roses de leur teint le souci succéda,
Survint une langueur mortelle.
La maladie, en un mot, devint telle
Que tous les médecins y restaient *à quia*.
A sœur Agnès, abattue et dolente,
Après cent remèdes nouveaux,
Pour dernière ressource on ordonna les eaux.
Pour une none languissante
Telle recette est excellente :
On éprouve toujours un grand soulagement.
D'un remède qu'il faut chercher loin du couvent.
Du frère Roch, les suppôts d'Hyppocrate
Ne connurent pas mieux le mal :
Ils en accusèrent la rate ;
Leur loi fut qu'il irait respirer l'air natal.

Conduits

Conduits chez leurs parens, sœur Agnès et
son frère,
Sentirent que la faculté
N'a remède plus salutaire
Que la joie, ou la liberté.
En peu de tems on vit renaître
Les appas de nos deux amans :
Mais, hélas! ces heureux momens
Allaient bientôt disparaître ;
Il fallait incessamment
Aller revoir cette grille éternelle,
Dont l'image toujours nouvelle,
Etait le plus affreux tourment.
Un jour que nos jumeaux se parlaient de leur
peine ;
J'ai, dit Roch, un secret qui comblera nos
vœux :
Cette clôture qui nous gêne
Pourra nous assurer le sort le plus heureux :
Troquons d'habit : vous, ma sœur, sous le nôtre,
Irez trouver l'objet qui de vous est aimé ;
Moi, dans votre couvent, introduit sous le
vôtre,
Avec votre amie enfermé,
Chacun de nous verra l'objet qui l'a charmé ;
Nous serons heureux l'un et l'autre.
La jeune Agnès combattit quelque tems

Cette entreprise dangereuse.
Mais quand on vit approcher les instans
D'une retraite rigoureuse,
Elle eut moins d'horreur du projet :
Enfin, les apprêts du voyage
Déterminèrent tout-à-fait ;
Des habits et de l'équipage
Un beau matin le troc fut fait.
Roch, sous l'habit d'Agnès, retourne au monastère
Des nonains (la remarque est importante à faire).
Sa sœur lui détailla ce qu'il devait savoir,
L'esprit et le caractère
Des bonnes sœurs qu'il allait voir ;
Bref, du couvent, jusqu'au moindre mystère,
Agnès de son côté mise au fait par son frère,
Va prendre place en son couvent.
On reçut l'un et l'autre avec empressement,
Et du troc qu'ils venaient de faire,
On ne s'apperçut nullement.
Agnès, près de son amant,
Borna d'abord sa tendresse
Aux plaisirs du sentiment.
Lui parler, le voir sans cesse,
Lui semblait un sort charmant.
Mais avec peine on trompe la nature

Bientôt du fait son amant se douta :
Et curieux d'éclaircir l'aventure,
Un jour qu'Agnès dormait, le moine en profita ;
La pauvre enfant ne s'éveilla
Que quand la défaite fut sûre.
Lorsqu'on a fait le premier pas
Difficilement on recule ;
Il aurait été ridicule ;
Après avoir cédé, de livrer des combats.
La chose en vint au point que, sans aucun scrupule,
Nos amans prenaient leurs ébats.
Mais de ces enfroqués soyez en défiance,
Belles qui pour un seul ménagez des plaisirs ;
Ces gens entr'eux gardent mal le silence
Lorsque l'amour a comblé leurs desirs.
L'amant d'Agnès, charmé de sa bonne fortune,
A l'un de ses amis confia son secret.
On ne rendit ce confident discret,
Qu'en rendant avec lui la conquête commune.
Un autre sçut la chose ; il fallut bien encor
Lui donner sa part du trésor.
Un confident de ce troisième,
Ayant vu combler tous ses vœux,
Après lui sçut encor introduire un cinquième,
Qui rendit un sixième heureux.

De la sorte, Agnès fut la proie
De douze moines amoureux,
Qui s'en donnaient tous au cœur joie;
Quand les gens sont unis tout est commun entr'eux.
On eût conduit plus loin cette bonne aventure,
Sans une malheureuse enflure,
Qui fit voir aux intéressés
Que s'ils voulaient avoir de leur progéniture,
Leurs vœux avant neuf mois allaient être exaucés.

Grand embarras chez les bons pères;
Ils craignaient la mauvaise humeur
D'un vieux et bizarre prieur.
Il fut jadis du nombre des bons frères;
Pour le présent, vieux et cassé,
Il était revenu de ces sortes d'affaires;
Rien ne rend les gens plus sévères
Que le regret du tems passé.
Roch, de sa part, sous les habits de none,
En bon moine se conduisit :
Ne se refusant à personne,
De ses bienfaits chacune se sentit.
Il mit d'abord sa bien aimée
Au fait de ce jeu si charmant,
Auquel, dès le premier moment,

Fille se trouve accoutumée :
Mais ce premier objet ne fit
Qu'une espèce d'apprentissage
Qui mit le frère en appétit.
Bientôt dans le fond d'un bocage,
Roch triompha d'une sœur qu'il surprit.
L'autre passa le pas étant trop curieuse.
Sœur Isabeau faisait la scrupuleuse,
Le jeune homme voulut savoir
Si la dévotion qu'elle semblait avoir
Etait solide et sérieuse.
Pendant une nuit qu'il tonna,
La fausse Agnès la rassura.
Brune ou blonde, petite ou grande,
Pas une none n'échappa :
Et dans l'amoureuse légende,
(Hormis l'abbesse) tout passa.
Mais il n'est nul bien dans la vie
Qui ne suive quelqu'embarras ;
Tant de volupté fut suivie
D'accidens qu'on n'attendait pas :
Maux de cœur d'un fâcheux augure,
Embonpoint dans certains endroits,
Chaque sœur qui s'arrondissait
Se voyait obligée à lâcher sa ceinture,
Quand la fausse Agnès maigrissait.
Roch, à sa sœur, fit part de ces nouvelles,

Des pauvres sœurs lui manda l'embarras.
Il apprit qu'Agnès n'avait pas
Été beaucoup plus sage qu'elles.
Le remède à ce mal, tout mûrement pesé,
A nos jumeaux parut aisé;
Un second troc pouvait les mettre en assurance.
Du couvent des nonains les murs étaient fort bas :
Par dehors, sœur Agnès y grimpe,
Roch de sa part franchit le pas;
Sur le mur on troqua le froc contre la guimpe,
Et le frère et la sœur, chacun en bon état,
Dans leurs couvens rentrèrent sans éclat.
Les moines voyant leur confrère
Aussi dispos qu'il eût jamais été,
Hors d'embarras, ne cherchaient guère
A découvrir la vérité
De ce mystère.
On prit le parti de se taire;
Comment le cas pouvait être arrivé.
Chacun d'eux crut l'avoir rêvé.
Il en était autrement chez les nones :
Roch à propos avait quitté le jeu;
Mais ces honnêtes personnes
Avaient toutes gardé l'enjeu.
Le mal enfin s'accrut de telle force,

Que l'abbesse vit l'accident ;
(Quoique produit dessous l'écorce
Un pareil fruit s'apperçoit aisément).
Aussi-tôt avec grand murmure,
Au chapitre, qu'elle assembla,
Toutes les sœurs elle appela.
Sur sœur Agnès chacune rejeta
La cause de cette aventure.
La belle, qui se trouva-là
Dit : quels discours sont donc les vôtres ?
Je ne connais rien à cela.
Tenez, ma mère, me voilà ;
Ne suis-je pas comme les autres ?
Soigneusement l'abbesse s'enquêta ;
Sonda le cas, examina,
Et ne pouvant trouver le nœud de cette affaire,
Dit : le plus court est de se taire.
Quand il en sera tems cela se guérira.
J'ai vu semblable maladie
Venir souvent à deux ou trois ;
Mais que tout le couvent y fut pris à la fois
Je ne l'avais vu de ma vie.

LES OISEAUX.

Daphnis était l'amant de l'aimable Glicère.
La jeunesse et l'amour formaient ce nœud charmant :
Vingt ans faisaient l'âge de notre amant,
Quinze ans étaient celui de la bergère.

Age heureux où l'amour répand ses premiers feux
Dans un cœur inspiré par la seule nature !
Bel âge où l'artifice, et souvent l'imposture,
Ne versent point encor leur poison dangereux.

Les antres écartés et les sombres bocages,
Témoins discrets de leur fidèle ardeur,
Cachaient avec plaisir le souverain bonheur
Que leur donnaient d'innocens badinages.
Tantôt sur le sein de Glicère
Daphnis semait de tendres fleurs ;
Fleurs servant de prétexte à sa main téméraire
Pour y cueillir les plus chères faveurs.
Tantôt, comme la jeune abeille,
Qui, sur les dons de Flore, amasse ses trésors,
Le berger amoureux, sur sa bouche vermeille,

Cherchait un doux remède à ses brûlans transports.
Mais à cette flamme constante
Il manquait encor le grand point :
Notre amant le savait, la bergère ignorante
S'en doutait quelquefois, mais ne le savait point.

Du timide berger la bouche était muette,
Ses seuls regards exprimaient ses desirs :
Glicère embarrassée, interdite, inquiète,
Y répondait par des soupirs.

Enfin l'amour eut pitié de leur peine,
Il sait pour rendre heureux mille secrets divers.

Assis près de Glicère au bord d'une fontaine,
Daphnis un jour vit une longue chaîne
D'oiseaux qui planaient dans les airs.
Ah ! s'écria-t-il, ma bergère,
Voyez de loin ces oiseaux furieux ;
Ils vont fondre sur vous et leur vive colère
Va détruire tous vos attraits :
Leurs griffes et leur bec, sur votre beau visage,
Feront le plus cruel ravage :
Vous allez perdre pour jamais,

Cette beauté charmante à qui tout rend hommage.
Hélas ! que vais-je devenir ?
Répond la trop simple bergère :
Que ferons-nous ? eh ! que dirait ma mère
De me voir ainsi revenir ?
Pour m'être un jour égratignée ,
Elle me querella toute une matinée ;
J'aimerais cent fois mieux mourir.
Il n'est qu'un seul moyen pour éviter leur rage,
Dit Daphnis , sans tarder , il faut nous en servir ,
De ce fichu cachons votre visage ;
Et pour ne point laisser votre gorge au pillage ,
De votre jupe il faudra la couvrir ;
Tenez-là bien : de ce péril funeste
Je saurai défendre le reste.
A ces conseils qu'elle écouta ,
Glicère se montra docile.
De sa crédulité le berger profita ;
De deviner comment, il n'est pas difficile ,
Daphnis s'y prit en homme habile ;
De son devoir si bien il s'acquitta ,
Qu'on eût dit qu'il avait déjà
Reçu quelques leçons en ville.
Le péril évité , Glicère tendrement ,

Elle-même au berger proposa son salaire ;
Un baiser fut son payement :
Il fut plus vif qu'à l'ordinaire;
Pourquoi, belles qu'amour admit à son mystère?
Vous le devinez aisément.
L'effet de ce baiser charmant
Fut tel que le berger s'écria : mon amie !
Ces oiseaux dangereux reviennent en furie ;
Fermez les yeux cachez-vous promptement.
Allons, c'est fait, dis la jeune bergère :
Qu'ils reviennent tant qu'ils voudront,
Je ne les crains plus; et ma mère
Ne verra rien de ce qu'ils me feront :
N'est-il pas vrai, Daphnis, que de cette manière
Jamais ils ne m'éborgneront.

LA BONNE MÉNAGÈRE.

Alix femme vaine et bizarre,
Arrogante et sur-tout avare,
Ayant vû mourir son mari,
En parut le cœur attendri;
Prit le grand deuil, pleura (cela ne coûte guère);
Mais comme on paie les prières,
Ma foi, ce défunt si chéri
N'eût, de sa part, *requiem* ni *demi*.
Le curé s'en fâcha, vint trouver la donzelle,
La querella. Quoi, dit-il, pensez-vous,
Alix, que votre cher époux
Ait volé tout d'un coup à la gloire éternelle?
Oui sans doute, répondit-elle,
De lui n'ayez aucun souci;
Vous me connaissez ménagère;
Au bon-homme j'avais fait faire
Son purgatoire dès ici.

L. F.

LE REGRET.

CERTAINE fille de renom,
Aimable et dans la fleur de l'âge,
Avait un jeune époux, riche et de haut parage,
Et, pour homme de cour, assez bon compagnon.
L'époux brûlait d'avoir un rejeton,
A qui, d'une illustre maison,
Il pût laisser le brillant héritage :
Enfin, qui put éterniser son nom.
Près de la dame il eut beau faire,
Quoique jeune, ardent, amoureux.
Aucun fruit ne combla ses vœux.
La jeune dame, pour lui plaire,
En cachette, emprunta le secours des blondins :
Elle suivait les conseils de sa mère,
Qui lui disait : votre père
Vous doit lui-même à ses voisins;
Mais les blondins eurent beau faire,
Tous leurs efforts furent vains.
Ont eut recours aux neuvaines,
Même aux pères qui les faisaient;
Nuit et jour ils y travaillaient :

Elle y perdit encor son argent, eux leur peine.
Après avoir tout tenté
On consulta la Faculté.
Tous les docteurs examinèrent
Le cas qui leur fut présenté.
A la mère, aux parens, enfin ils déclarèrent
Qu'elle n'aurait, ni tôt, ni tard,
Fruit légitime ni bâtard :
Toute recette est inutile,
Dirent-ils, madame est stérile ;
Elle est *brehaigne*, c'est le nom.
Cette triste décision,
A tous les parens de la dame,
Comme on peut croire, perça l'ame :
Mais elle, entendant ce décret,
Dit simplement à sa famille :
Ah! grands dieux! que j'ai de regret
De n'en avoir rien su tandis que j'étais fille.

LES BONNES TANTES.

En devisant, Alix et sa voisine
Se racontaient leurs fortunes d'amour.
L'une disait : Je n'en fais point la fine,
J'en trouve encor, quoique sur le retour ;
Et je vends mieux mon son que ma farine.
L'autre répond : Moi, je n'y sais qu'un tour.
Mais mon secret enfin en vaut un autre :
Vous le saurez en m'enseignant le vôtre.
J'ai, dit Alix, nièce experte en cet art,
Où, sans leçons, dès quinze ans on excelle ;
Mais si quelqu'un veut conclure avec elle,
Il faut d'abord qu'il me donne ma part,
Sinon néant pour l'amant et la belle.
A ce discours la voisine repart :
Votre systême est le mien ; mais ma part
Est en ce cas meilleure que la vôtre.
J'ai deux tendrons alertes l'un et l'autre,
Et possédant chacune un bon grivois ;
Vous le voyez, j'ai bien double fortune.
Oh ! point du tout, dit Alix, à la fois
Vos nièces n'ont qu'un seul amant chacune,
Cela fait deux, et la mienne en a trois.

LE TÉMOIN.

De son vieux mari mécontente,
Une jeune femme voulait
Rompre un hymen qui l'ennuyait.
Pour témoin avec la plaignante,
Un grand moine se présentait,
Et devant le juge on était.
Le mari, savant personnage,
Dit au père : Allons, doucement ;
Ici l'on ne peut nullement
Recevoir votre témoignage.
Vous *êtes mort civilement.*
Moi, dit le moine brusquement,
Que veut dire cette pécore ?
Madame, dites promptement
Si ce matin je n'étais pas encore
Et *très-civil* et *très-vivant.*

LE BON LATIN.

AYANT pris leurs joyeux ébats,
Deux écoliers contaient leur cas
A certain directeur puriste,
Délicat et grand latiniste.
Pater, puellam cognovi,
Dit l'un. Le directeur dit : Fi !
Allons, un mois de pénitence.
Moi, dit l'autre, voici ma chance,
Rem habui cum puellâ.
Ah ! dit le père, bon cela ;
L'expression est de Térence.

LA SOURICIERE.

Agnès et l'époux qu'elle avait
De la précédente journée,
Causaient tous deux sur le chevet,
Des agrémens de l'hyménée.
Parlant de ceci, de cela ;
Mais, quand vous m'avez éveillée,
Dit Agnès, qu'aviez-vous donc là,
Qui, cette nuit, m'a chatouillée ?
L'époux dit : c'est quelque souris.
Bon ! et le chemin qu'elle a pris,
Dit-elle, est donc la souricière ?
Oui, dit l'époux, sans contredit.
Puis, sans plus entrer en matière,
Le bon mari sortit du lit.

Deux jours après, Agnès, chagrine
De voir l'époux, n'y songeant pas,
Lui fit entrevoir ses appas
Tout à blanc poudrés de farine.
Oh ! dit-il, qu'apperçois-je là ?
Enseignez-moi qui vous a
Poudré si galamment, ma chère ?

Eh, mais c'est moi, dit la commère :
Ces deux nuits-ci, rien ne s'est pris :
Dame n'est-ce pas la manière
D'enfariner la souricière,
Pour faire venir les souris ?

LES DEUX HÉRITIERS.

Maitre Jean ayant hérité,
Résolut d'entrer en ménage.
De Margot s'étant entêté,
Viens, lui dit-il, voir mon partage,
J'ai plus de trois arpens de pré;
Vois s'il en manque au mesurage;
Ne suis-je pas fort à ton gré?
Il faudra voir, répondit-elle,
Aujourd'hui je m'aviserai,
Et demain je me résoudrai.
Jean, tout joyeux, quitta la belle,
Mais sur le soir se promenant,
Il vit au bord de la fontaine,
Margot près d'un jeune manant,
Regardant attentivement
Tout autre chose que la plaine.
Il sentit son cœur s'émouvoir;
Il accourut, fit grand tapage.
Quoi! dit Margot, tu n'es pas sage:
T'ai-je pas dit qu'il fallait voir;
Ce garçon veut aussi m'avoir,
Je mesurais son héritage.

L'OEIL ET LE PUCELAGE.

CERTAIN borgne ayant épousé
Lise, qu'il croyait toute neuve,
La nuit, dès la première épreuve,
Fut sûr qu'il s'était abusé.
Dieu sait comment il fit tapage :
Eh, quoi! dit Lise, en mariage
Ne faut-il pas l'égalité ?
Un œil vous manque; et tout compté,
Un œil vaut mieux qu'un pucelage.
Ah ! dit l'époux, outré de rage,
Si d'un œil je me vois privé
Avec gloire il fut enlevé,
Les ennemis en sont la cause...
Quoi ! dit Lise, les ennemis ?
Eh ! mais, monsieur, c'est encore pis :
Moi, si j'ai perdu quelque chose
Du moins, c'est avec mes amis.

LA NYMPHE TROP MODESTE.

UNE nymphe la plus aimable
Possédait un chien favori ;
Bichon, à son gré, préférable
A son amant, à son ami,
Peut-être même à son mari.
Un tel chien est bien respectable !
Un jour qu'elle le caressait,
Et que tout le monde admirait
Comment il déchirait sa robe,
Il devint en grec *hydrophobe* ;
En français, la rage le prit,
Jusques au sang il la mordit,
Puis il s'enfuit porter sa rage
A tous les chiens du voisinage.
On ordonna leur courir sus ;
On en fit un affreux carnage.
Le chien mordant, les chiens mordus,
Ensemble furent confondus ;
On en dépeupla le village :
Ils sont tous morts, n'en parlons plus.
Mais la nymphe quoique vengée,
N'en était pas moins en frayeur
De se voir un jour enragée,

D'avance elle enrageait de peur.
Neptune est un dieu d'importance :
Parmi ses attributs divers ,
Il possède seul la puissance
De prévenir la violence
De ce mal sorti des enfers.
Mais ce dieu veut que dans son onde
On vienne éprouver sa vertu ;
Et que l'on y vienne tout nud ,
Comme quand Vénus vint au monde.
La nymphe avait bien du regret
De prodiguer ainsi ses charmes.
Encor si quelqu'amant discret
Avait obtenu par ses larmes ,
De pénétrer dans ce secret ,
Il aurait causé moins d'allarmes.
La belle pourtant se résout ,
Puisqu'il le faut , à montrer tout.
Mais quand elle vit à la ronde
Venir des tritons inconnus ;
Entr'eux tous ses attraits tout nus ,
Alors un peu trop pudibonde ,
Avec sa main , elle serra
De ses appas une partie.
(Celle que sans cérémonie ,
Jadis , l'autre Vénus montra
Au jeune berger de Phrigie).

Neptune avait sur-tout envie
De voir l'endroit qu'elle cacha ;
Sa divinité se fâcha
De cet excès de modestie.
La nymphe au surplus fut guérie ;
Mais là tout le mal s'attacha ;
Et, si bien, que toute sa vie,
Cet endroit ainsi ménagé,
Conserva la folle manie
Du petit bichon enragé.

FIN.

www.ingramcontent.com/pod-product-compliance
Lightning Source LLC
LaVergne TN
LVHW020027170826
845678LV00001B/145

* 9 7 8 2 3 2 9 7 6 9 5 7 8 *